NOUVELLES D'ÉQUATEUR

Miniatures
Collection produite par Marc Wiltz, créée par Pierre Astier
et dirigée par Alexis Bernaut

Dans la même collection :

- Nouvelles d'Haïti
- Nouvelles de l'Île Maurice
- Nouvelles du Bengale
- Nouvelles du Liban
- Nouvelles d'Israël
- Nouvelles du Mali
- Nouvelles de Corse
- Nouvelles de Turquie
- Nouvelles du Mexique
- Nouvelles de Guadeloupe
- Nouvelles du Soudan
- Nouvelles d'Algérie
- Nouvelles de Catalogne
- Nouvelles du Sénégal
- Nouvelles d'Argentine
- Nouvelles de Madagascar
- Nouvelles du Cameroun
- Nouvelles d'Islande
- Nouvelles du Maroc
- Nouvelles de Serbie
- Nouvelles d'Ukraine
- Nouvelles de Tunisie
- Nouvelles de La Réunion
- Nouvelles de Singapour
- Nouvelles de Côte d'Ivoire
- Nouvelles d'Égypte
- Nouvelles de Nouvelle-Calédonie
- Nouvelles de Corée
- Nouvelles de Malaisie
- Nouvelles de Cuba
- Nouvelles du Congo
- Nouvelles de Bretagne
- Nouvelles de Colombie
- Nouvelles de Hongrie
- Nouvelles de Montréal
- Nouvelles de Taïwan
- Nouvelles de Suisse
- Nouvelles du Pérou
- Nouvelle de Belgique
- Nouvelles du Rwanda
- Nouvelles du Chili
- Nouvelles de Suède
- Nouvelles de l'Inde du Nord
- Nouvelles du Costa Rica
- Nouvelles de Martinique
- Nouvelles de l'Inde du Sud
- Nouvelles d'Espagne
- Nouvelles d'Occitanie
- Nouvelles d'Afrique du Sud
- Nouvelles du Texas
- Nouvelles d'Équateur
- Nouvelles de Chine
- Nouvelles de Lettonie

MINIATURES

NOUVELLES D'ÉQUATEUR

MAGELLAN & Cie

Nouvelles d'Équateur

Aequator… en latin, celui qui égale. La première mission géodésique française chargée de mesurer la forme de la Terre en 1736 a donné son nom à l'Équateur, pays frontalier avec la Colombie au nord-est, le Pérou au sud et longé par l'océan Pacifique à l'ouest. Sa superficie de deux cent soixante-dix mille six cent soixante-dix kilomètres carrés en fait l'un des plus petits d'Amérique du Sud après le Paraguay, le Guyana, l'Uruguay et le Suriname, et il appartenait à l'Empire inca jusqu'à sa conquête par Francisco Pizarro en 1532.

Très varié sur le plan géographique, l'Équateur se divise en trois régions, la côte du Pacifique avec le port de Guayaquil, la plus grande ville du pays, la partie andine où se trouve Quito, la capitale, et l'Amazonie équatorienne, à l'est. Si les deux premières régions concentrent l'essentiel d'une population de dix-sept millions trois cent soixante-treize mille habitants et de l'activité économique du pays, la partie amazonienne, moins peuplée, présente une grande biodiversité. Sans oublier les îles Galápagos, archipel volcanique situé au nord-est du pacifique sud, à environ un millier de kilomètres de la côte, inscrit depuis 1979 au patrimoine de l'Humanité par l'Unesco en raison de la richesse de sa faune et de sa flore. Leur exploration par le jeune Charles Darwin en 1835 joua un rôle déterminant dans sa théorie de l'évolution des espèces. Après son indépendance du royaume d'Espagne en 1822, l'Équateur est annexé à ce qu'on appelait alors La Grande Colombie et dont il réussit à se séparer en 1830, devenant une nation indépendante. L'histoire du pays a été troublée par des périodes d'instabilité politique et des dictatures militaires, au point de voir se succéder cinquante-cinq dirigeants depuis 1900. De nos jours, c'est une république constituée de vingt-quatre provinces, où la langue officielle est l'espagnol, mais où le kichwa et le shuar, langues précolombiennes, ont un statut de langues de communication interculturelle depuis 2008.

Sur le plan littéraire, le premier grand rebelle fut le médecin et journaliste indigène Eugenio Chúshig, plus connu sous le nom espagnol d'Eugenio de Santa Cruz y Espejo (1747-1795), fondateur du premier journal équatorien, *Primicias de la Real Audiencia de Quito*. Après l'indépendance, les écrivains ont commencé à explorer les thèmes nationaux et à refléter le quotidien de la population. Au XIXe siècle, la littérature romantique abordait des thèmes souvent liés à la politique, la nature, l'amour et la mort et intégrant des éléments de la culture indigène. *L'Hymne du 9 octobre*, célébrant la première victoire de l'Équateur sur les forces espagnoles en 1820, a été écrit par le poète et homme d'État José Joaquín de Olmedo (1780-1847). Au début du XXe siècle, la littérature équatorienne a été influencée par le modernisme et l'avant-garde. Un des poètes les plus importants de cette période est Medardo Ángel Silva (1898-1919), auteur des emblématiques *Nocturno* (*Nocturne*) et *El Ángel* (*L'Ange*), l'un des premiers à adopter le modernisme, caractérisé par l'utilisation de la musicalité et des images poétiques complexes. Un autre écrivain important de cette période est José de la Cuadra (1903-1941), l'un des meilleurs représentants du réalisme magique, et son approche réaliste de la condition sociale des habitants du Montuvio, région rurale proche de Guyaquil, entre la mer et la montagne, est transfigurée par la présence d'éléments mythiques. Un poète essentiel de cette période est Jorge Carrera Andrade (1903-1978), influencé par le surréalisme et l'avant-garde, dont on retrouve les thématiques dans son plus beau texte, *Las armas de la luz* (Les armes de la lumière), doublées d'une grande musicalité. Enfin, César Dávila Andrade (1918-1967) a également marqué cette période avec des œuvres telles que ses deux poèmes-fleuve, *Catedral salvaje* (Cathédrale sauvage), chant à la démesure de la géographie latino-américaine, grand poème visionnaire, apocalyptique, d'une richesse verbale et aux images extraordinaires, et *Boletín y elegía de las mitas* (Bulletin et élégie des travaux forcés), poème épique et élégiaque aux indigènes soumis au travail forcé dans les fermes et dans les mines. La période contemporaine va du réalisme social au réalisme magique en passant par le roman historique et le roman policier. Mentionnons simplement deux des romans les plus importants, *Huasipongo* (1934) où Jorge Icaza dénonce la condition sociale et économique des travailleurs indigènes dans les haciendas andines, et *La Vida es una pila de hojas secas* (1983, *La Vie est un tas de feuilles mortes*) où Alicia Yánez Cossío explore les thèmes de la féminité, de l'amour et de la liberté à travers l'histoire d'une femme en butte aux conventions sociales de son époque.

Après Cuba (2017), la Colombie (2018), le Pérou (2019), le Chili (2020), le Costa Rica (2021) et l'Espagne (2022), Magellan & Cie publie aujourd'hui *Nouvelles d'Équateur* dans la collection « Miniatures », dirigée par Alexis

Bernaut. Son précédent directeur, Pierre Astier, qu'il en soit remercié ici, m'a mise en contact avec Alfredo Noriega, auteur équatorien qui, ayant vécu à Bruxelles de 2013 à 2018, a réussi le tour de force d'être publié dans le recueil consacré à la Belgique (*Nouvelles de Belgique*, 2019) avant celui consacré à son pays d'origine. Les auteurs qu'il m'a recommandés possèdent chacun leur univers et se complètent par leur écriture, leurs thématiques et leur vécu, doublé d'un regard aigu sur leur pays quand ils n'y vivent plus. La fuite du temps, la permanence du souvenir et des émotions, la maladie, la mort, les amours défuntes, brossent un portrait kaléidoscopique de l'Équateur où l'on sent en permanence la force de la nature et des éléments, qui ne sont pas nécessairement vus comme une menace. Dans « Centre », d'une écriture directe et crue, María Fernanda Ampuero met en scène une femme mûre qui se rappelle la relation destructrice que, jeune étudiante, elle entretenait à Guayaquil avec un de ses professeurs ; dans « Montagne », de Andrés Cadena, deux anciens amants se retrouvent pour un voyage professionnel visant à prendre des photos et des vidéos de la cordillère des Andes et où la Jeep apparaît comme une sorte de lien entre passé et présent ; dans « Le temps vécu », la narratrice de Daniela Alcívar Bellolio a dû affronter la mort de son fils et, après un repas avec un groupe d'amis dans la montagne près de Quito et du volcan Cotopaxi, elle réfléchit à la transition entre la vie et la mort, la disparition ; dans « La haie », de Marcela Ribadeneira, près de Quito, entre vallée et volcans, une mère s'adresse à sa fille qui a depuis longtemps quitté la maison dont elle-même ne partira jamais ; dans « María Angelina », Vladimiro Rivas se situe délibérément au début du siècle dernier, dans une petite ville andine où une marieuse se retrouve dépassée par la situation qu'elle a elle-même orchestrée ; et dans « L'Éruption », Alfredo Noriega décrit une promenade du narrateur et de sa mère pendant l'éruption du volcan Pichincha à Quito, éprouvant des sentiments qui vont de l'angoisse à la curiosité. Puissent ces différents récits contribuer à faire découvrir aux lecteurs une littérature encore méconnue en France, et appliquer cette formule très répandue en Équateur : « *A leer se ha dicho* (Et maintenant, lisez). »

Marianne Millon

L'ÉRUPTION

Alfredo Noriega
traduit par Marianne Millon

Le volcan vient d'entrer en éruption. Il est en activité depuis des mois, on passe en permanence de l'alerte jaune à l'alerte orange. Beaucoup de gens disent que le gouvernement nous ment, que le volcan lui permet de prendre des mesures à sa guise.

D'après la radio, c'est une explosion phréatique impressionnante, hallucinante, à laquelle nous assistons, insiste le journaliste, c'est beau, un champignon est en train de se former, un champignon géant, conclut-il. Voilà ce que dit la radio.

Je me lève pour aller sur le balcon. Une colonne de vapeur monte du sommet, mais la montagne semble tranquille, la ville aussi. Je regarde attentivement parce que je crois qu'il va se passer quelque chose, que le volcan va se manifester de nouveau, qu'il va enfin mettre la ville à ses pieds. Il ne se passe rien, le Pichincha est tranquille, ses flancs ne s'écroulent pas, la forêt ne se désintègre pas, le vert reste vert, les maisons les plus proches du sommet sont intactes, toutefois, les entrailles du volcan crachent cette chose dans l'atmosphère. Je regagne ma chambre. Mon lit est déjà froid. Les lits se refroidissent si rapidement, à Quito.

La radio parle en boucle de l'éruption. J'attends ce moment depuis l'enfance, et maintenant je ne sais que faire. Aucun bruit dans la rue, personne ne sort, pas de cris, la montagne ne nous tombe pas dessus. Le tremblement de terre si redouté ne s'est pas encore produit ; dehors on est jeudi, un de ces jeudis qui se lèvent sans avoir envie de rien.

Je m'assieds au bord du lit en regardant le balcon. J'observe le ciel. Ce dernier ne nous tombe pas plus dessus que la montagne. Les nuages sont paisibles. Je reste comme ça, en me disant qu'aujourd'hui est peut-être le jour zéro, où plus rien ne sera jamais comme avant. C'est ce que je me dis. Ce que je pense. Ce que je veux.

Le téléphone sonne. Je le laisse sonner. Je n'ai pas envie de me lever et d'aller dans le séjour pour répondre. Les espaces me semblent soudain immenses. Le téléphone sonne encore. Ce doit être ma mère. Je me lève et je vais répondre sans mettre mes pantoufles. Le froid des dalles me transperce la plante des pieds. Quito est ainsi, une ville qui se glace la nuit.

C'est ma mère.

Nous parlons. Je raccroche.

Je regagne ma chambre. Je m'assieds au bord du lit. J'observe le balcon. Le champignon se forme progressivement, de façon incommensurable.

À la radio, on parle toujours de l'éruption. À la radio, on nous explique toujours la même chose. À Quito, on aime se répéter. À Quito, même pour comprendre ce qui nous arrive, il faut parler avec un nombre infini de gens. On passe notre vie à hésiter. À la radio, ils ne connaissent pas bien la composition chimique du champignon. Personne ne sait expliquer les dangers encourus. Peut-être quelqu'un le sait-il et l'a-t-il déjà dit mille fois dans tous les médias. Mais à Quito, on écoute ce qu'on veut. On écoute ce qu'il nous convient d'écouter, quand cela nous convient. Et maintenant ?

Le téléphone retentit de nouveau. Je le laisse sonner. Je me lève et sors sur le balcon. Dans le ciel, l'énorme champignon cherche le sommet de l'atmosphère. Je rentre. Le téléphone sonne encore. Je vais dans le séjour. C'est de nouveau ma mère.

Elle me demande si je veux quelque chose, si j'ai besoin de quelque chose.

– Dans ces circonstances, ajoute-t-elle.

– Non, et toi ?

– Je ne sais pas, me répond-elle.

Elle ne sait pas, me dis-je, entrant une fois de plus dans l'abîme de son existence.

Je lui conseille :

– Sers-toi un whisky, j'arrive.

Je cherche mes lunettes dans la commode, prends un masque, un bonnet et des gants. Je m'habille, enfile mes bottes de montagne. Je me vois dans la glace avant de sortir, je ressemble à un membre d'une expédition pauvre, un globe-trotteur tiers-mondiste, un homme sans le sou.

Avant de sortir, je ferme toutes les fenêtres. À la radio, on dit qu'il faut protéger les vitres, obturer tous les espaces ouverts, que la cendre peut pénétrer à l'intérieur. Les consignes sont les suivantes : sortir en cas de tremblement de terre, se réfugier à l'intérieur en cas d'éruption ; celle-ci comporte une activité sismique, en d'autres termes, si les deux choses se produisent à un niveau élevé, on supporte, on se met à prier ou on dit : c'est le moment. Parce qu'à Quito, quand c'est le moment, c'est le moment ; à Quito, on laisse le temps, la géographie et les gouvernements faire ce qu'ils veulent, quand ils veulent.

Comme on le sait, dit la radio, à l'équateur passe la « ceinture de feu du Pacifique » qui comprend le Chili, le Pérou, l'Équateur, la Colombie, le Venezuela, le Panama, tous les pays d'Amérique centrale, du Mexique, des États-Unis, du Canada, des îles Aléoutiennes dont j'entends le nom pour la première fois, les côtes de la Chine et du Japon.

J'hésite à me rendre immédiatement chez ma mère ou à rester chez moi pour protéger les vitres. Je décide de rester. Elle doit en être à son second whisky et commencer à se sentir mieux.

Je prends du ruban adhésif dans le placard et dessine sur chaque fenêtre un « X » que je traverse finalement d'une ligne horizontale. Je m'aperçois que mon appartement est plein de fenêtres. Trois dans le séjour, chacune avec quatre vitres, deux dans la cuisine avec le même nombre de vitres. Une immense baie vitrée dans ma chambre, une autre dans mon atelier. Le séjour et la cuisine ont une vue directe sur le massif volcanique du Pichincha, composé par les volcans Guagua Pichincha, Ruco Pichincha et Cundur Huarchana. Le Guagua est le seul actif, avec un cratère d'un kilomètre six de diamètre, et une profondeur de sept cents mètres.

Tout cela je le sais, non pas parce que la radio le dit, mais parce que depuis mes dix-huit ans je grimpe une ou deux fois par an jusqu'à l'un de ces sommets. Seul. En sachant qu'il peut se produire qu'un nuage descende soudain, recouvre tout et complique tout, et que je risque de me retrouver au fond du ravin pour l'éternité ; des éclairs peuvent survenir, l'un d'eux me traverser et m'envoyer au bout de l'enfer.

Parfois, je fais des choses qui me mènent sur le fil de la vie.

À la radio, on annonce une interview du directeur de l'Institut national de géophysique polytechnique, Hugo Yépez, mais j'ai fini de protéger les fenêtres et j'estime que j'ai assez traîné avant de sortir. J'éteins l'appareil et sors sans écouter les conseils du vulcanologue. Je descends lentement l'escalier, comme un boxeur va de sa loge au ring. La comparaison est idiote, je sais. Mais très souvent, ma vie a un sens parce qu'on peut la comparer à ce genre de situation. J'arrive devant la porte de l'immeuble et je m'engage dans la ville avec les lunettes qui assombrissent tout, le masque, des gants en caoutchouc que j'ai pris dans la cuisine et mes bottes avec une semelle Vibram qui laisse leur nom sur le manteau de cendres qui recouvre les trottoirs et les rues de Quito.

Ma mère est pompette. Elle n'a pas bu deux mais trois whiskies. Elle me sourit en voyant mes bottes de montagne, mes lunettes et mon sac, mais ses yeux restent tristes, rougis par les pleurs.

En m'approchant, je lui demande :

– Pourquoi est-ce que tu pleures, maman ? Il ne se passe rien, il ne va rien se passer.

– Non, je ne pleure pas, répond-elle, portant le verre à sa bouche de ses mains tremblantes.

Elle est très pâle, ma mère, son âge se voit uniquement sur ses mains, osseuses, ridées, très longues. Elle ne fait pas du tout son âge. Moi, en revanche, j'ai l'air vieux. En nous voyant marcher main dans la main, beaucoup de gens nous prennent pour des fiancés.

Une fois par semaine, on sort faire une promenade. On monte par la rue Canadá jusqu'au parc de la Matovelle, on s'assied sur un banc et on admire la ville : on voit nettement les limites qui distinguent la partie ancienne de la partie moderne, elles sont marquées par l'architecture, la couleur des maisons, les formes de la géographie. La seule belle chose de Quito, c'est le centre historique ; hystérique, comme dit ma mère.

La montagne a toujours déterminé la croissance de la ville, c'est elle qui, depuis son silence, la dirige, lui donne son mouvement, ses allées et venues, ses coupes, son ondulation de vague chaotique. Sans la montagne, sans les Andes, Quito n'est rien. Quand je suis dans un quartier sans vue sur la montagne, je me sens flotter sur le vide sidéral, à la dérive. Si les nuages cachent la montagne, ils donnent des cauchemars à Quito. Dès que le brouillard recouvre un quartier, il semble voyager sans but dans l'univers. Sans cet horizon, elle est étourdie, seule, perdue.

J'habite à La Floresta. J'aime marcher quand il y a du brouillard, tout en sachant qu'à tout moment peut surgir un voyou disposé à m'ôter la vie pour quelques dollars, ou une voiture aveugle, qui monterait sur mon trottoir. J'aime ça, les cauchemars me nettoient de l'intérieur.

Ma mère vit dans le quartier América. Là, Quito est une, et à La Floresta, une autre. D'un côté, la montagne, ses forêts et ses ravins, son sommet au-dessus des épaules. De l'autre, la montagne aussi, comme un paysage, une présence et un fond, par moments un élément décoratif.

Il ne doit pas y avoir de ville aussi disparate au monde, aussi équivoque, aussi neutre. De mon appartement, où j'habite depuis cinq ans déjà et mon mariage, et où je suis resté malgré mon divorce, je vois la montagne, tandis que ma mère habite sur un versant.

On a l'impression que le champignon sort du sommet de Cruz Loma, comme on appelle la partie visible du massif volcanique du Pichincha, mais non, il sort du Guagua qui est à l'intérieur de la chaîne. C'est un effet visuel qui provoque cette vision trompeuse.

Les gens qui vivent dans les vallées de Los Chillos et de Cumbayá voient autre chose, une autre beauté, une autre monstruosité. Comme ceux qui sont très au nord ou très au sud. Ceux qui vivent sur les flancs de la montagne, comme ma mère, croient que le monde leur tombe dessus. L'éruption ressemble à une explosion nucléaire. La vapeur s'élève, devient en son milieu une spirale puis le chapeau du champignon. Pour le voir de chez elle, il faut bien tendre le cou par la fenêtre de la chambre.

Ma mère regarde l'éruption à la télévision. Elle est avec son verre de whisky, le quatrième, je crois, assise dans le fauteuil du séjour, anéantie devant les images. Ce sont des images en temps réel mais elles semblent statiques. On perçoit à peine le mouvement de l'explosion phréatique. Il semble que le volcan soit toujours ainsi, à cracher cela. Je m'assieds à ses côtés, je lui prends le verre de whisky des mains et je bois une gorgée. L'alcool me racle la gorge et me réchauffe la poitrine. J'enlève mes bottes. Un peu de cendre tombe sur le sol.

Quand je tourne la tête, ma mère est en train de pleurer. D'abord en silence. Les larmes coulent sur son visage et elle les essuie du revers de la main. Soudain, elle éclate en sanglots. Peu à peu, sa tête s'affaisse et s'appuie sur mon épaule, elle n'essuie plus ses larmes. Elle se vide. Tout sort. Sa poitrine vibre, ses mains tremblent dans les miennes. Je l'embrasse, je n'ai pas de mots pour la consoler, ils ne viennent pas. Je sens qu'elle veut dire quelque chose, mais elle n'y arrive pas, ses voies respiratoires sont bloquées par les pleurs, le hoquet, le mucus, la peine.

L'image du champignon est toujours à la télé. Il a changé, semble moins blanc maintenant, certainement à cause des cendres.

– Maman, et si on sortait ?

Elle m'observe de ses yeux injectés d'alcool, surprise par ma proposition.

Je parviens à comprendre ce qu'elle me dit :

– Maintenant ?

– Oui, maintenant.

– Mais…

– C'est sans danger, maman, il ne se passe rien, c'est juste le volcan.

– À la télé, ils disent qu'il ne faut pas sortir, précise-t-elle.

– À la télé, ils racontent toujours des bêtises, maman.

– Tu as raison, mon fils, dit-elle.

Maintenant les mots arrivent clairement, elle est en larmes, mais elle a retrouvé la voix, elle est revenue au monde. Elle plonge la main dans la poche de sa robe, en sort un mouchoir et se mouche. Je lui arrange les cheveux et l'embrasse sur le front. Elle sourit. Elle n'est plus éméchée. L'alcool est parti avec les larmes. Elle est moins égarée, presque joyeuse.

– Où est ton masque ?

– Dans la cuisine, sur l'étagère jaune, m'indique-t-elle.

Quand je reviens avec le masque et les gants, je la trouve dans le séjour en train d'observer depuis la fenêtre la ville intacte et paisible, descendant et montant, attendant quelque chose. Attendant, si Dieu le veut bien, le début de la fin. De là, on voit le côté est de la cordillère des Andes équatoriennes. Le volcan Cayambe et l'Antizana, enneigés et imposants, se dressent.

Je lui apporte son imperméable et je l'aide à l'enfiler. Elle met un foulard, se couvrant aussi les oreilles, je rentre ses longs cheveux dans son imperméable dont je relève les revers ; elle a un geste las, mais j'insiste et elle se laisse faire. Elle met les gants et le masque. Dans l'entrée, on chausse les bottes, je mets un masque, un pull, les gants en caoutchouc et les lunettes. Elle n'a pas de lunettes de vue, elle saisit des lunettes de piscine qu'elle a depuis des années, aussi loin que je m'en souvienne.

– Maman, il nous manque juste les bouteilles d'oxygène.

Elle éclate de rire et agite les bras comme un scaphandrier. Je l'imite. On sort dans la rue en se tenant par la main, on monte par la rue Canadá, comme toujours, et on se dirige vers le parc de la Matovelle. Seuls, dans la ville dont le champignon ne cesse d'escalader le ciel d'équinoxe.

On chante, faux, mais avec euphorie :

Belle Quito de ma vie
Lumière divine de l'amour
Terre la plus chérie
Où rêve la femme.

Une femme se penche à une fenêtre et nous regarde lentement. Elle fait un geste que je ne comprends pas. Elle veut nous dire quelque chose, mais n'ose pas ouvrir la fenêtre. Elle pointe un doigt vers le ciel et dessine des deux mains un champignon imaginaire. Nous nous éloignons en l'abandonnant à sa crainte. Nous allons dans le parc pour voir ce que nous montre Quito ce jour-là.

On continue à chanter, à tue-tête, tournant le dos au volcan dont le champignon monte et descend, monte et descend :

Belle Quito de ma vie,
Je te chante avec amour,

C'est la terre de ma vie
Où pleure le rondador[1].
Terre bénie
Capitale de l'Équateur.

La jeune fille est assise sur un banc. Elle porte un bonnet péruvien. Un pull rouge, des gants de cuisine, un masque à gaz, comme ceux qu'on voit dans les reportages sur la Première Guerre mondiale. Parfois, dans cette ville, on trouve les objets les plus inattendus aux mains des personnes les plus inattendues. Quand on passe à côté, elle nous regarde, surprise. Le masque et le chapeau lui donnent un air d'ours fourmilier perdu dans le désert. On sourit sous nos masques. Je lâche le bras de ma mère et reviens à sa hauteur. Je baisse mon masque.

– Bonjour, lui dis-je.

Elle répond en gardant son masque à gaz. On reste tranquilles et silencieux.

– Salut.

Elle ne répond pas.

Je rejoins ma mère qui, accrochée à la rambarde, regarde le champignon géant. Une ambulance passe rue Sebastián de Benalcázar, puis une voiture de patrouille et un camion de pompiers.

---

1. Instrument de musique national de l'Équateur, sorte de flûte de Pan composée de deux ensembles intercalés de tuyaux de longueur croissante. (N.d.T.)

– Eh ben, il ne manque plus que l'armée, dit ma mère.

Elle a à peine terminé sa phrase qu'un camion vert arrive, transportant une vingtaine de soldats tous équipés de masques à gaz ressemblant à celui de la jeune fille, mais un peu plus modernes, il me semble.

Un soldat se lève et nous ordonne de partir nous réfugier en agitant le bras gauche pendant qu'il soutient son fusil de l'autre. Un de ses compagnons le saisit par la manche.

– Où vont-ils, à ton avis ? demande ma mère.

– Chercher quelqu'un à épouser, se répond-elle à elle-même, et elle éclate de rire.

– Connards, salauds ! crie-t-elle soudain, ôtant son masque.

Personne n'entend à part moi et la jeune fille qui se lève d'un bond et se retourne vers la rue. Le camion a disparu, le bruit des sirènes se perd au bas de la côte, en direction du centre historique – hystérique ? J'embrasse ma mère qui se remet à pleurer, de nouveau égarée.

– Maman, tu vois, la cendre est restée sur les toits.

Elle se retourne et observe avec moi les toits encore recouverts de cendre.

– Ça va être difficile de tout nettoyer, dit-elle en reniflant.

Certaines coupoles sont recouvertes de bâches plastiques, mais on voit qu'il s'agit d'une précaution inutile, prise à la hâte quand il est déjà tombé plusieurs tonnes de cendre. Avant-hier, cinq mille. Les gens balaient sans relâche, mais la cendre ne part pas entièrement, elle reste là, comme une malédiction. Une odeur de soufre, quoique moins intense qu'il y a quelques jours, monte du centre historique. Quito la catholique est maintenant la ville de l'enfer. Les curés font ce qu'ils peuvent pour protéger leur – notre ? – patrimoine mais, à voir comment ils recouvrent les églises, ils donnent l'impression de perdre contre les hordes de Satan.

En voyant le spectacle, je me demande : Combien d'églises y a-t-il à Quito ? Je ne sais pas.

– Maman, combien d'églises y a-t-il à Quito ?

Elle me regarde et hausse les épaules.

– Trop, répond-elle.

Le champignon continue à monter. Inédit. Les sirènes résonnent au loin. Soudain, on entend une rafale. Ma mère sursaute.

– Tu vois, ils n'ont rien appris, les maudits, ils ne comprennent pas, ils ne veulent rien avoir à faire avec personne, lâche-t-elle.

Je vais dire quelque chose, mais je ne trouve pas les mots. Je sens un mouvement derrière moi. Je me retourne. C'est la jeune fille au pull rouge qui vient vers nous. Mon cœur s'accélère. Elle arrive à notre hauteur, avec son masque ancien qui lui donne cet air de fourmilier qui n'a rien à absorber par la trompe. Le pull rouge et les bottes trop grandes détonnent. Je crois qu'elle sourit, même si je ne vois pas sa bouche. Je souris moi aussi, même si elle ne voit pas ma bouche non plus. Ma mère sourit également et murmure des mots que je n'entends pas. À Quito, plus personne n'a de visage et une vérité surgit à notre insu, une vérité sur ce que nous sommes, sur ce que nous avons toujours été.

La fille s'installe à côté de nous. Je vais lui dire quelque chose, mais mieux vaut que je me taise. Dans ces circonstances, les mots n'ont aucune valeur. De toute façon, elle ne pourra pas répondre. Maintenant nous sommes trois et nous regardons en bas de la côte la ville obstruée sur les flancs de cette montagne qui, aujourd'hui, après cent quarante ans de silence, a décidé de se réveiller « d'une longue léthargie, pour mettre à l'épreuve les habitants de cœur de Quito », dit-on à la radio, avec cette rhétorique dépourvue de goût, sur ce ton faussement émotif et sot.

Les cloches se mettent à sonner. Comme pour appeler au Jugement dernier. Les curés croient toujours que quelque chose s'achève, que ce qui arrive nous rapproche de leur fameux paradis.

Toutes les églises ont décidé de lancer le même appel aux forces célestes, certainement pour convaincre jusqu'aux plus récalcitrants que tout est bon afin de contenir les forces de la Nature, que, si nous sommes vraiment des pécheurs, nous ne méritons pas de finir ainsi et maintenant. Chacun de nous sait qu'à Quito il s'est passé les choses les plus horribles, les crimes les plus vils, les bassesses les plus perverses. Pourtant, les curés pensent que nous ne méritons peut-être pas le feu de l'enfer puisque nous sommes toujours en vie, que nous pouvons et devons demander pardon ; ils lancent donc l'appel au repentir en faisant sonner toutes leurs cloches.

Les vibrations sonores s'étendent peu à peu dans la ville ; beaucoup de gens sont saisis d'effroi et se mettent à prier, le regard fixé sur le champignon qui poursuit son ascension. Une bataille inégale s'engage entre les sons des cloches et le volcan. Certains naïfs s'imaginent que les encouragements des églises vont parvenir à calmer le volcan. Je lève la tête, le ciel est bleu, uniquement perturbé par la vapeur mêlée de cendre.

Ceux qui sont précisément sur les flancs de la montagne ont l'impression que cette chose inédite va leur tomber dessus et les ensevelir. Depuis les vallées des Chillos et de Cumbayá, les villages d'El Tingo, Sangolquí, Pifo, El Quinche, les contreforts de la Cordillère orientale, on ressent autre chose, on regarde cela comme un beau tableau de la Renaissance dans un musée européen, ce qui porte à philosopher sur le monde et les existences si nombreuses et si fragiles. La plupart des Équatoriens regardent l'éruption à la télévision et ignorent si c'est bien ou mal, si elle va changer leur vie. Une fois de plus dans ce pays, la nature nous différencie les uns des autres.

La jeune fille regarde elle aussi le ciel, et ma mère regarde la ville. La jeune fille se tourne vers moi, me saisit le bras de la main gauche et de l'autre elle ôte son bonnet péruvien, détache le masque à gaz et secoue sa très longue chevelure. Je la vois, étourdi. Ses yeux noirs en amande projettent un éclat violent. Elle est brune, les traits marqués, et un sourire découvre une partie de ses gencives. Elle a un cou long et fin. Ses gestes tranchent comme un couteau ce qu'ils touchent ou désignent. Mon bras bouillonne entre ses doigts, mon visage brûle sous son regard, mes yeux sont aveuglés en voyant ses lèvres.

– Ça ne sert à rien, entends-je ma mère dire, rangeant le masque dans sa poche. Elle respire l'air de Quito comme si de rien n'était, en jouissant presque.

– Allez, ordonne-t-elle.

Elle me saisit par le bras et m'entraîne vers le perron qui mène à la basilique. La jeune fille sourit, me lâche et reste appuyée à la balustrade en nous regardant descendre. Quand nous arrivons en bas, je lève la tête vers le parc, la jeune fille prend congé avant de disparaître de ma vue, me laissant une brûlure dans la gorge.

– Ça pue, il faut rentrer, maman.

Mais ma mère continue à descendre la pente, disposée à quelque chose que je ne comprends pas, que je ne devine même pas, qu'elle est la seule à connaître.

On traverse le centre. De temps en temps, quelqu'un traverse une rue et disparaît dans un vestibule. Les sirènes résonnent près du palais présidentiel. Peut-être emmène-t-on le président dans un endroit plus sûr. Peut-être a-t-il dit qu'il ne quitterait pas le navire, que les citoyens ont besoin de lui, qu'il a une responsabilité envers le peuple, peut-être a-t-il dit tous ces mensonges. Il est certainement mort de peur, comme tout le monde.

Ma mère avance, je la suis. L'éruption phréatique continue. La ville sans ses habitants, sans voitures, est couverte de cendres. Un chien au dos grisâtre traverse. Un groupe d'enfants crasseux surgit et se perd au coin de la rue, en direction de El Tejar, tous portent des masques et des casquettes. Au même carrefour passe une file de 4x4 du gouvernement protégés par des voitures de patrouille et par l'armée. Ma mère les voit passer et murmure une insulte, mais cette fois elle ne se laisse pas gagner par le désespoir. Elle reste immobile jusqu'à ce que toutes les voitures disparaissent.

– Et si on rentrait, maman ? je lui demande, pensant à la jeune fille au pull rouge.

Mais rien à faire, elle poursuit son chemin. On arrive rue Olmedo. Vu d'ici, le champignon ne semble pas aussi énorme. Depuis cet angle, on voit clairement que l'explosion sort de l'intérieur du massif montagneux et non de sa face visible. Quito ressemble à une estampe de Hokusai dépourvue de sensualité.

On prend à gauche et on recommence à descendre. À Quito, on passe son temps à monter et à descendre. Mouvement perpétuel, inépuisable. Les habitants montent parce qu'il faut descendre, on descend pour dire qu'on monte. Quand on se trouve sur la partie plate de la ville, on regarde toujours la montagne ; si elle n'est pas là, on perd pied.

Ma mère entre soudain dans une maison coloniale. En la voyant s'enfoncer dans le vestibule, j'ai l'impression qu'elle la connaît par cœur. Je reste tranquille sur le seuil, pétrifié, sans savoir si je dois la suivre ou non. Je crains qu'on ne me prenne pour un voleur. Quand la ville est comme ça, les gens deviennent de plus en plus nerveux.

– Maman, où vas-tu ?

Ma mère ne m'écoute pas, elle tourne au fond du vestibule et disparaît de ma vue.

– Maman !

J'attends quelques secondes, mais elle ne revient pas.

Je murmure en pénétrant dans le vestibule, mais personne ne répond :

– Bonjour !

Je l'appelle de nouveau :

– Maman !

La lumière tombe sur la cour en pierre avec un bassin au milieu, autour duquel il y a des jardinières fleuries. Tout cela semble parfaitement soigné, entretenu par des mains expertes et tendres. La cour est bordée de galeries avec des colonnes de bois. Aux murs sont accrochés des tableaux représentant des scènes de la vie de Jésus, peints par les maîtres de l'École de Quito : Miguel de Santiago, Goríbar, Legarda. Le ciel est dégagé. Il n'y a de traces ni du champignon ni des cendres. Ici, on dirait qu'il ne se passe rien. Ou peut-être par ici passe-t-il une main divine, qui nettoie tout.

J'insiste vraiment.

– Maman !

Au fond, un escalier mène à l'appartement de l'étage supérieur. Je traverse la cour en diagonale, en longeant la fontaine. J'arrive à l'escalier et sens qu'un mur s'élève devant moi et que cela ne vaut pas la peine d'y grimper. Je me retourne, en cherchant en haut de la maison coloniale une trace de ma mère. Il n'y a que le silence. Je sors, inutile de rester au milieu du néant.

Dans la rue, la cendre s'infiltre toujours par tous les trous qu'elle trouve sur son chemin. Le volcan continue à projeter de la vapeur, mais les gens, fatigués de l'enfermement ou abandonnés à la douleur, commencent à sortir de leurs cachettes. Dans le peu de temps où je suis resté dehors à attendre ma mère, j'ai vu plusieurs personnes passer d'une maison à une autre, d'un coin de rue à un autre, ou monter dans une voiture dans la ferme intention de sortir de la ville. Peut-être pour se rendre dans les vallées.

À la radio, on doit faire une annonce qui effraie les gens ou les rassure. Je suis assis sur le trottoir à remuer la cendre avec mes bottes, on dirait du sable. Elle est toxique, elle pollue mais ne tue pas. Ce sont de petits fragments de roche, pierre ponce, cristaux minéraux et verre volcanique, explique Hugo Yépez dans une radio que quelqu'un écoute à plein volume dans la maison située derrière moi. Elle mesure moins de deux millimètres. J'en prends un peu entre les doigts. Malgré les gants, je la sens lourde et âpre. Je sens qu'elle peut me briser de l'intérieur.

La jeune fille au pull rouge passe au coin de la rue. Je me lève. Elle me voit. Je la salue. Elle me salue elle aussi en agitant la main comme au ralenti. On reste tous les deux immobiles. Personne ne franchit la porte de la maison coloniale. La jeune fille ne quitte pas le coin de la rue. Je lui fais des signes de la main, elle aussi, puis elle s'en va. Je suis en fureur contre ma mère, coupable, d'après moi, de me retenir ici, prisonnier. J'entre d'un pas décidé dans la maison coloniale. À l'intérieur, rien n'a changé, je me plante au milieu de la cour.

Je crie de toutes mes forces.

– Maman, je m'en vais, je t'attendrai à la maison !

Je sors, et je retrouve la jeune fille devant la porte, hésitant à entrer. Nous sommes surpris tous les deux. Je crois qu'elle rougit. Je sais que moi, je rougis. Je m'approche pour l'embrasser sur la joue, mais elle me tend la main. Étourdis, nous nous embrassons à moitié et nous étreignons mollement. Je crois même que je lui marche sur les pieds avec mes bottes, mais elle ne s'en rend pas compte parce que les siennes lui sont trop grandes. On se sépare de ce presque baiser, cette presque poignée de main avec le champignon derrière nous.

L'énergie géologique du volcan semble s'épuiser, le chapeau du champignon est déformé et la vapeur commence à se diffuser légèrement.

– Bonjour, dis-je en tremblant sur le « -our ».

– Re-bonjour, répond-elle, avec des voyelles et des consonnes claires, et une onde sonore qui me partage en deux.

Je suis mal parti, et maintenant ? Je ne sais que dire.

– Que fais-tu ? demande-t-elle.

– Je ne sais pas.

Elle sourit. Son sourire me produit une tension qui va des commissures de mes lèvres jusqu'aux tempes. Je me retourne et pousse la porte de la maison et j'entre. Elle me suit. On arrive dans la cour et on s'assied au bord de la fontaine. Pour moi, ma mère vient de disparaître ici. Elle jette un coup d'œil.

– Putain, lâche-t-elle, et maintenant ?

– Je ne sais pas.

– Tu ne sais pas grand-chose, ajoute-t-elle.

– C'est vrai, en général je sais, je sais ce que je dois savoir, mais aujourd'hui je ne sais plus.

– Ah, lâche-t-elle, à ta place, je m'en irais.

– Tu crois ?

– Bien sûr, tu crois qu'il va arriver quelque chose à ta mère, à l'intérieur ?

– Je ne sais pas.

On regarde tous deux les tableaux aux murs.

– Tout est trop silencieux, trop propre.

– C'est vrai. Ou bien l'enfer est ici, ou c'est le paradis, et il vaut toujours mieux être dans les cercles du purgatoire, dit-elle.

Je sens qu'elle fait une référence à *La Divine Comédie*, mais je ne pose pas de question, c'est peut-être une simple étudiante du lycée catholique et pas ce que je veux imaginer. Quelqu'un traverse le couloir du premier étage, je me lève, mais la personne disparaît derrière une porte, et je n'ai pas le temps de l'interpeller. J'attends un moment et plus personne ne se montre.

– Je crois qu'on est en enfer, dis-je sans savoir pourquoi.

– Alors je te propose quelque chose.

– Quoi ?

– Allons marcher.

– Allons-y.

On sort. Dans les rues, il y a de plus en plus de gens, certains habillés comme tous les jours, d'autres recouverts de costumes improvisés et extravagants, comme nous. La majeure partie des gens a un masque, mais elle ne le porte pas. À Quito, on s'habitue vite à vivre comme on doit, on se confond immédiatement avec la nature et on l'oublie. Plus personne ne se lève pour voir le champignon qui est toujours là, en train de se décomposer, devenant un gigantesque nuage sur la ville.

On monte puis on descend, on remonte et on redescend, on descend pas mal puis on remonte encore. On s'arrête un instant pour mieux apprécier la ville et le champignon déformé. On redescend. Une voiture de patrouille passe, une de la protection civile puis un camion avec des soldats. Des enfants courent derrière en lançant des pierres, et se volatilisent dans les maisons. On monte en courant en se tenant par la main. Le bruit des sirènes résonne un moment à nos oreilles.

On tourne au coin de la rue et on commence à descendre lentement, en reprenant notre souffle. On s'éloigne du centre, on va vers le nord en traversant le quartier San Juan. Dans le quartier América, on entre dans une maison, près de l'ancien hôpital militaire, c'est là qu'on fait les meilleurs *aplanchados*[2] et *quesadillas*[3] de Quito. On en prend deux de chaque et on les mange sur le chemin du parc d'El Ejido qu'on traverse en diagonale. La cendre l'a rendu grisâtre et laid.

2. Gâteaux feuilletés. (N.d.T.)

3. Gâteau à base de farine de blé, spécifique à l'Équateur. (N.d.T.)

À l'intersection des avenues Seis de Diciembre et Patria, on s'arrête un instant. Une vendeuse est assise comme si de rien n'était avec son chariot de bonbons et de cigarettes, mal recouvert d'un morceau de plastique ; elle se couvre le nez d'un mouchoir et porte une casquette à visière de l'Aucas[4]. Je sors quelques pièces de monnaie, j'achète des chewing-gums et le journal. Édition spéciale avec une photo du volcan au premier plan et une interview de Hugo Yépez, « Directeur de l'Institut national à l'École polytechnique, le héros tranquille de cette époque », comme on peut le lire sous la photo.

– Est-ce que tu connais la légende ? me demande-t-elle.

– Laquelle ?

– Tu sais que le Guagua Pichincha est le fils du Chimborazo et de la belle Tungurahua, et que, lorsque le Guagua pleure, la mère aussi. Elle va sûrement entrer en éruption ces jours-ci.

– Sûrement, dis-je.

– Eh bien oui. Les hommes ne peuvent pas imaginer de vivre sans leur mère.

– Oui, réponds-je un peu sèchement.

Je repense à ma mère et j'ai soudain envie de rentrer. Mais je reste. Je reste parce qu'elle lève la main et me caresse le visage.

---

4. Club de football basé à Quito. (N.d.T.)

On monte vers l'Université catholique. J'ignore si c'est elle qui m'emmène ou si c'est moi qui vais là où me portent mes jambes. Le nuage devient géant sur Quito.

– C'est peut-être comme en 1660 et on va rester dans l'obscurité pendant trois jours. Ça ou pire, le volcan va peut-être projeter tout ce qu'il a dans le ventre et il nous achèvera. Peut-être tous les volcans vont-ils entrer en éruption et ce pays sera foutu, dit-elle.

– Mais non, dis-je, d'après Yépez et les vulcanologues français de l'IRD[5], et d'après les experts de l'École polytechnique de l'armée, d'après tous ceux qui connaissent le sujet, il est faux que les volcans soient connectés les uns aux autres sous terre et que l'éruption de l'un d'entre eux puisse déclencher celle des autres. Yépez dit que les volcans sont comme les tuyauteries des maisons : le réseau passe dessous, et si on ouvre le robinet de la salle de bains, celui de la cuisine ou de la cour ne marche plus. Chacun possède ses tuyaux et ses valves propres.

J'explique :

– C'est pareil avec les volcans, si l'un entre en éruption, pas les autres.

Elle sourit.

– Tu en sais des choses, commente-t-elle.

5. Institut de recherche pour le développement. (N.d.T.)

– Non, je n'y connais rien en vulcanologie, ni en femmes.

Elle me saisit par le bras, amusée. À ce moment, je m'aperçois que c'est elle qui me conduit. Nous allons directement vers le quartier de La Vicentina, tournant le dos au volcan dont le champignon de vapeur et de cendre, transformé en un immense nuage à plus de vingt mille mètres d'altitude, s'est placé au-dessus des immeubles, menaçant. Maintenant nous allons voir ce qui se passe, ce que nous veut le Guagua Pichincha, ce qu'il y a dans les entrailles de la Terre, tout ça.

– C'est ma maison, me dit-elle.

Nous sommes devant une maison à deux étages, avec un jardin devant, des grilles vertes écaillées et oxydées, une terrasse où l'on aperçoit des fils pour étendre le linge et une cheminée. Nous sommes l'un en face de l'autre, tranquilles. Le volcan maintenant sans force lâche ses dernières vapeurs, et Quito s'enfonce peu à peu dans une semi-obscurité. Bientôt, les cendres vont retomber, comme avant-hier, ou qui sait, plus fort.

– S'il pleut, c'est foutu, dis-je pour dire quelque chose.

– S'il pleut, c'est le chaos, lance-t-elle avec un léger tremblement sur les lèvres.

– On sait où se réfugier, conclus-je pour me

donner du courage avant d'entrer chez cette jeune fille, avec ces cheveux, ces sourcils, ce corps caché sous ces vêtements extravagants.

– Tu entres ? demande-t-elle.

J'hésite, parce que mes entrailles se tordent.

– Bien sûr, s'il n'y a personne, dis-je enfin, avec des consonnes et des voyelles fragiles.

Elle me regarde et même si je ne le vois pas, je sens un trou se creuser dans son ventre. La sueur me gagne les mains, j'ôte mes gants de cuisine, que je porte depuis ce matin, je m'accroche à son bras et je me laisse conduire à l'intérieur. Dès que nous posons les pieds dans le vestibule, apparaît une grosse dame avec un bébé dans les bras. La jeune fille le saisit et embrasse la dame. Celle-ci passe à côté de moi et m'embrasse spontanément. Je manque dire : on se connaît, non ?, parce qu'on dirait.

– Tu veux boire quelque chose ? me demande-t-elle, et elle embrasse le bébé.

La grosse femme disparaît rapidement par la porte d'entrée.

– Le repas est prêt ! crie-t-elle une fois sur le trottoir.

À ce moment me parvient l'odeur des *bolas de verde*[6] et ma bouche se remplit de salive. Nous

6. Plat traditionnel équatorien, soupe à base de beignets farcis de bananes plantain vertes. (N.d.T.)

restons tous trois silencieux, le bébé jouant avec les cheveux de la jeune fille, elle attendrie, tortillant les boucles de l'enfant, moi, jetant un regard circonspect à l'intérieur pour voir si je trouve dans la décoration une réponse à mes craintes.

Je pense à ma mère, mais je me dis que, dans cette maison coloniale, il ne doit rien lui arriver. Soudain la ville s'assombrit. Nous nous approchons de la fenêtre. Le nuage gigantesque est au-dessus de nous et nous envoie encore de la cendre, mais ce ne sont pas des restes humains qui te retombent dessus après une explosion nucléaire comme à Hiroshima et Nagasaki. Ce sont les entrailles de la Terre qui tombent, probablement pour nous dire que rien n'est jamais définitif dans la vie, seulement la mort, l'inconscience et l'oubli.

Dis-le, il n'y a d'idées que les choses.

William Carlos Williams

Montagne

Andrés Cadena
traduit par Isabelle Delaye

Ils éteignirent la radio alors qu'elle ne captait plus aucune station, en raison de l'altitude. Depuis un moment déjà, le chemin était de pierre et de terre et suivait, par des virages abrupts, le versant accidenté de la cordillère des Andes. D'innombrables flaques, statiques au milieu de la boue et des cailloux, matérialisaient le froid cru de l'étendue aride.

Augusta conduisait, tout en maîtrise et en concentration. Ils ne parlaient pas et de temps à autre, on pouvait entendre les soupirs de Blanca sur le siège arrière. Elle était allongée, roulée en boule, calme. On la sentait habituée à accompagner Augusta dans ce genre de voyages. Par instants, elle levait la tête et esquissait ce qui ressemblait à un sourire.

La vieille Jeep s'accrochait à la montagne et

Daniel se mit à identifier les sons qui donnaient sa dimension au silence de l'habitacle : le moteur profond et guttural qui s'efforçait de travailler face au manque d'oxygène, les sifflements occasionnels que produisait l'air pénétrant par une vitre entrouverte, les soupirs de la chienne sur le siège arrière, les chocs des petits cailloux contre la carrosserie qui ressemblaient à une petite pluie minérale. L'espace s'emplissait d'une multiplicité de minuscules phénomènes, seulement perceptibles par la concentration ou plutôt par son contraire : la dé-concentration, la perte de points ou d'entités sur lesquels se centrer, laisser l'étendue aride s'introduire, longue comme elle l'était, dans l'enfermement mobile de la Jeep.

Augusta et Daniel se connaissaient depuis plus de trente ans, du temps de l'école, et cela leur permettait ces moments sans rien se dire. Telle avait aussi été leur amitié à travers le temps, depuis le compagnonnage intime de l'adolescence, puis les logiques éloignements durant les études et les investissements postérieurs dans leurs centres d'intérêt personnels. Il y avait eu des années pendant lesquelles ils s'étaient beaucoup retrouvés et d'autres où ils s'étaient déshabitués de la présence de l'autre. Mais ils finissaient par se revoir, et bien que cela fût chaque fois plus sporadique, c'était toujours quelque chose de très familier.

Après une colline rougeâtre, comme taillée au couteau, le chemin descendait une centaine de mètres pour déboucher sur une esplanade immense, d'une remarquable uniformité. Augusta s'écarta du chemin vers la vaste terre, stoppa la voiture au milieu de rien, mit pied à terre et alla sortir son équipement du coffre. Daniel la regarda marcher sans but précis, s'éloignant de la Jeep, jusqu'à définir un endroit où installer un trépied et, dessus, son appareil photo. Il sortit lui aussi de la voiture et alla la rejoindre. L'air faisait vibrer la vaste plaine de couleur verte opaque. Des zones herbeuses de faible hauteur, tels des astérisques verdâtres colorés, donnaient du relief à cette silhouette plane de l'horizon. D'aussi près, on ne pouvait pas savoir qu'il s'agissait de la cordillère des Andes, on n'avait pas la sensation de l'étendue de l'habitat dans lequel ils se trouvaient, comme lancés au cœur d'un monde encore en construction. Blanca aussi était descendue avec Augusta, et après avoir un peu couru dans le vaste paysage, elle se mit à tourner autour de sa maîtresse en agitant joyeusement la queue. La chienne regarda Daniel dans les yeux en s'approchant de lui et, dans son regard, il put reconnaître une curiosité joueuse qui n'était pas satisfaite car rien ne semblait changer ni survenir autour d'elle.

– Pourquoi le trépied ? Je pensais que tu n'avais besoin que de photographies.

– Dernièrement, j'en profite pour faire aussi des vidéos.

Daniel mit les mains dans les poches de son blouson. Augusta était toujours occupée, elle observait maintenant par le viseur de son appareil et réglait de sa main gauche certaines bagues de l'objectif. Puis elle dit :

– Ils s'en servent souvent pour des films publicitaires. Annonces touristiques, sites web d'hôtels, propagande pour des hommes politiques qui présentent la série typique de cartes postales du pays, façon collages.

– Tu as toutes sortes de clients, non ?

– Mais je ne les connais pas. Je poste les photos et les vidéos sur des plateformes, et les achète qui veut. On me paie selon le nombre de téléchargements.

Augusta ne regarda Daniel à aucun moment. La chienne partit soudain en courant, mue par une chose aperçue au loin : sans doute une erreur d'appréciation, pensa Daniel. Augusta fit pivoter l'appareil sur son axe, comme pour capter une large coupe horizontale de ce lieu si invariable et répétitif. Si vide ou si plein de sa vacuité répétée :

pierres de différentes tailles, petites plantes rampantes, arbustes se détachant à peine du sol. Ces vils détails se succédaient à un rythme constant qui soumettait le regard à sa vitesse propre, matérielle. Tel un pentagramme musical qui répète, dans une partition sans début ni fin, les trois ou quatre mêmes symboles, dans une séquence quasi-identique à elle-même. Pierre, cailloux, végétation de montagne. Cailloux. Pierre. Végétation de montagne. Tout jeune arbuste. Zone herbeuse. Pierre et montagne.

– On aurait apprécié un peu de brouillard, dit Augusta en regardant le ciel les yeux mi-clos. Pour donner corps au vent.

Elle appela Blanca pour qu'elle n'apparaisse pas sur les clichés. Obéissante, toute contente, la chienne arriva et s'assit à côté d'elle. Puis elle alla renifler autour de la voiture. Augusta déplaça encore plusieurs fois l'appareil photo, le faisant pivoter. Daniel la vit faire et il regardait aussi cette étendue plane au milieu de plusieurs reliefs : comme une halte dans cette montée sans fin de la géographie. L'action de regarder durait longtemps, devait recommencer sans cesse car il n'y avait pas de points saillants sur lesquels s'arrêter ; il fallait simplement laisser les yeux divaguer sur le paysage, le lécher avec l'invisibilité, avec l'impuissance des courants d'air. L'étendue aride est une chose que l'on ne peut résumer, pensa Daniel.

Il songea également que ne rien regarder pouvait être plus exigeant que d'observer fixement quelque chose.

Vint un moment où Augusta démonta l'appareil du trépied et prit quelques clichés à main levée, de points qu'elle cadrait sans que Daniel pût deviner ce qu'elle photographiait exactement. Comment sélectionner ce que l'on ne différencie pas, que l'on ne distingue pas ? se demanda Daniel. Peut-être, tenta-t-il de répondre, était-ce lui qui ne savait pas distinguer, qui ne savait pas regarder la cordillère des Andes, la montagne, ce morceau d'étendue déserte, lui qui ne savait pas le faire. Certaines personnes, comme Augusta, elles, le pouvaient.

Entre deux clichés, Augusta réglait quelques bagues et vérifiait dans le viseur ce qu'elle venait de saisir. Blanca se mit à parcourir à nouveau le secteur, reniflant par-ci par-là, rien que pour confirmer à nouveau que la plaine continuait sans interruption. Daniel aida Augusta à porter le trépied et ils revinrent rapidement à la Jeep.

Bien des années plus tôt, âgés d'à peine plus de vingt ans, Daniel et Augusta avaient eu à deux reprises des relations sexuelles dans un laps de temps d'un mois. La première fois, l'amitié avait gêné, rendu étrange l'interaction des corps, habitués à une autre version de la proximité. La seconde, tous deux fins saouls, Augusta avait grimpé sur Daniel et impulsé le rythme d'ensemble d'un bout à l'autre. Peut-être cela avait-il été plus agréable que la première fois. Mais lui n'avait pu se contrôler et avait fini par éjaculer en elle, sans préservatif. Après être redescendue, Augusta s'était assise sur le lit et s'était mise à pleurer, sans grande expressivité, avec une peine délicate, mais profonde. Daniel s'était assis à côté d'elle et lui avait demandé si elle s'inquiétait de tomber enceinte. Elle avait répondu que non, qu'elle venait juste d'avoir ses règles. Et elle avait fini par se rhabiller.

Il y avait longtemps de cela. Ce n'était pas quelque chose qu'ils avaient présent à l'esprit, qu'ils se remémoraient, mais malgré tout, d'une façon tangentielle, périphérique, disons épidermique, cela survivait entre eux: à un moment, leurs corps s'étaient rejoints. Ce qui revenait à dire qu'ils avaient été autres par le passé et que, même étant autres, ou précisément pour cette raison, ils s'étaient tenu compagnie. C'était une idée un peu mélancolique et un peu inadéquate au vu de ce qui se trouvait réuni dans cette scène.

Ils parcoururent un autre tronçon de l'étendue déserte. Si l'on regardait le paysage de loin, ils semblaient ne pas se déplacer. Regarder le paysage, c'est surtout se regarder en train de regarder le paysage, pensa Daniel. Enfant, voyageant à bord d'une voiture, les yeux fixant l'extérieur, il s'était abandonné à la sensation que ce qui bougeait était le paysage, pas la voiture. Puis, en regardant devant eux, le chemin qui s'étendait au-delà du pare-brise, l'impression était qu'ils avaient beau avancer, le paysage ne changerait jamais, comme dans les dessins animés où le fond réapparaît à de multiples reprises, avec d'infimes variations. La sensation de mouvement était elle-même mobile, fuyante : on sentait clairement un déplacement, un transfert, mais il n'était pas très facile d'affirmer où il intervenait, à quelle échelle. Étaient-ils les mêmes en arrivant à destination que lorsqu'ils avaient quitté leur point de départ ? Avaient-ils été les mêmes à chaque instant du trajet ? En ce sens, imagina Daniel, le voyage et l'étendue déserte étaient similaires : ils se présentaient à lui, évidemment, mais lui ne les trouvait pas, ne réussissait pas à trouver le point où ils résidaient.

La Jeep émergea de la vallée par l'un de ses flancs, contournant un promontoire de petites pierres aussi noires que de la poudre. Puis ils continuèrent la montée. Ils avaient maintenant devant eux la perspective de la montagne, la partie finale de sa cime, une ascension abrupte qui transmettait le sentiment d'un danger, ou du moins de son imminence. De loin, depuis la ville d'où ils étaient partis au petit jour, les pics semblaient décoratifs, pensa Daniel, des détails intéressants faisant irruption sur l'horizon ; mais de près, il n'y avait guère de mots qui lui venaient à l'esprit, mis à part « montagne ». Face à la cime, seul lui venait ce mot de « montagne », qu'il gardait en silence. Que pouvait bien préserver Augusta dans son silence ? Pouvait-il s'agir du même mot ? Le chemin montait, c'était la seule chose sûre.

Des années auparavant, Daniel avait participé à la veillée funèbre d'Antonio, le mari d'Augusta. Il y avait plus longtemps encore, il avait également assisté à leur mariage. On voyait son amie heureuse, avait alors pensé Daniel, incarnant presque le stéréotype du moment. À l'époque, ils se fréquentaient peu, puis de moins en moins : Antonio et Augusta partaient en voyage deux ou trois semaines par mois, pour des reportages photo et des missions à travers tout le pays, parfois à l'extérieur. Néanmoins, lorsqu'ils étaient en ville, ils l'invitaient à toutes leurs manifestations, expositions et présentations d'albums. Daniel avait même acheté une photo grand format à Augusta : en noir et blanc, on y voyait trois personnes (deux vieux et un jeune, devinait-on) de dos, assis sur un quai, en train de pêcher. Le corps de la rivière, paisible mais vif tout à la fois, occupait la majeure partie du cadrage. Il avait accroché dans son salon cette photo (intitulée « Paysage 38 », comme on pouvait le lire au dos) et il n'était donc pas rare qu'il explique à ses visiteurs son lien avec la photographie. Puis était survenu l'accident en Amazonie, l'une des rares fois où Antonio voyageait seul. Il avait été transféré à Miranda en urgence, ne survivant que deux jours. Lors de la veillée funèbre, Augusta était apparue effondrée : une autre image à laquelle on pouvait s'attendre, avait pensé Daniel. Sa tristesse était authentique, sincère. Ce mot le remplissait tout entier en la voyant alors : « tristesse », comme « montagne » maintenant, face à la montagne.

À trois ou quatre reprises, ils s'arrêtèrent au cours de leur ascension, pour qu'Augusta prenne d'autres photos. Le froid se concentrait, même si l'air réduisait sa densité. Les halètements de Blanca se faisaient plus longs, plus accentués, comme reproduits à faibles intervalles. Lors de certaines pauses, Daniel restait dans la voiture, mais en d'autres occasions, il se forçait à descendre pour accompagner Augusta ; il s'arrêtait à côté d'elle sans rien dire. Lorsqu'il l'attendait dans la

Jeep, il pouvait sentir une certaine anxiété chez la chienne et il cherchait à la calmer par des caresses et des paroles affectueuses que Blanca semblait ne pas comprendre.

– Tu t'embêtes, excuse-moi, dit Augusta à l'occasion d'un de ses retours vers la Jeep. Cela n'était peut-être pas une si bonne idée que tu viennes.

– Au contraire, je me réjouis d'être venu.

Lorsqu'ils arrivèrent au dernier endroit accessible en voiture, un replat pierreux où se trouvaient d'autres véhicules, un brouillard commença à circuler dans l'atmosphère. Tous trois descendirent de voiture, Augusta s'éloigna un peu, l'appareil photo accroché à son cou par une courroie, tandis que Daniel et la chienne demeurèrent près de la voiture stationnée, regardant s'éloigner la femme qui menait leur excursion.

– Je vais monter encore un peu, dit Augusta en revenant dans leur direction un moment plus tard, par le chemin d'où démarre l'ascension.

L'idée était de monter vers un premier ressaut, qui permettait de voir l'autre versant de la montagne, expliqua-t-elle à Daniel. De là, elle prendrait les dernières photos de la journée.

– Si tu veux, tu peux rester par là et te reposer un moment dans la voiture.

– Et Blanca ?

– Elle, elle va me suivre.

– Alors moi aussi.

Le tronçon pentu ne semblait pas faire plus de cinq cents mètres, mais ils progressaient si lentement que Daniel pensa, à mi-parcours, à la possibilité de rebrousser chemin vers le parking. Il y renonça car il ne voulait pas être obligé d'attendre, qui sait combien de temps, au milieu du froid et de la solitude.

– Ça va ? lui demanda-t-elle plusieurs fois pendant la marche.

– Oui, ça va, répondait-il.

La chienne avançait, sans perdre son élégance mais accusant elle aussi quelque peu la fatigue, plusieurs mètres devant eux. Elle s'arrêtait de temps en temps et se retournait pour vérifier que le groupe restait bien au complet. Ses halètements se transformaient en buée dans l'air glacé.

À un certain moment, Daniel songea à interroger Augusta au sujet d'Antonio, pour savoir notamment combien de temps avait duré son deuil, sa peine à elle ; comment elle avait réussi à s'en remettre. Comment voyait-elle, maintenant qu'ils avaient fêté leurs quarante ans l'année dernière, le veuvage, avec la distance ; le fait d'avoir été, un temps, une jeune veuve. Mais il renonça à son idée et le fait qu'il y ait songé lui sembla le fruit du manque d'oxygène. Ce qu'il voulait le moins, c'était évoquer Antonio. Il ne voulait rien évoquer, pensa-t-il finalement.

Ils parvinrent au sommet du palier naturel, qui leur offrit une respiration : un plateau de la taille d'un terrain de football. Toutefois, le chemin à parcourir jusqu'au sommet ne semblait pas avoir diminué. Ils n'étaient pas plus près de la cime qu'en descendant de voiture ; à ce rythme, ils devraient avancer pendant des jours pour atteindre le point le plus haut. Ils marchèrent jusqu'à l'extrême opposé d'où, en effet, on pouvait voir l'autre versant de la montagne, auquel on accédait par des chemins venus d'une autre province, qui menaient à différents villages. Bien qu'entourés par les nuages tout proches, ils voyaient au loin que sur les pentes (terres plantées, failles, fragments boisés) de la montagne, le soleil se répandait, pacifique.

Là-bas, dit Augusta, en signalant une colline proche (à quelques kilomètres) qui offrait une autre tonalité de vert, quelque chose de blanchâtre ou de moucheté d'éclairs blancs : il y a des steppes avec des *frailejones*. C'était une étendue aride à l'état pur.

Puis elle expliqua à Daniel que les *frailejones* étaient des plantes fantastiques, comme des palmiers d'altitude, qui pouvaient mesurer plusieurs mètres de haut, couronnées de feuilles allongées semblables à des oreilles de lapin, comme on les appelait communément. La principale similitude résidait dans la sensation veloutée qu'elles offraient au toucher, car elles étaient recouvertes de délicats petits poils blancs, et leur structure rappelait la souplesse du cartilage. Augusta lui raconta que les poils de ces feuilles servaient à capter l'humidité de l'air (le brouillard, la brume) et à l'absorber à l'intérieur de la plante. Son tronc tubulaire conduisait ensuite toute cette humidité vers le bas, vers la terre, au-delà de la surface en apparence stérile. Ainsi fonctionnait cette étendue aride, comme un condensateur d'air de la cordillère des Andes. Daniel écouta attentivement l'explication, et il eut l'impression de l'avoir déjà su, qu'on lui avait déjà dit. Mais cette fois, elle lui parut plus importante, presque stupéfiante.

Augusta passa un bon moment à faire des photos depuis différents lieux, regardant parfois vers le plateau, d'autres fois vers le versant opposé de la montagne, visant le sommet ou quelque détail sur le sol : impossible de le savoir.

Après un temps raisonnable, Daniel entreprit la descente vers la voiture et, peu après, Augusta et sa chienne suivirent ses pas. Elle lui sembla plus brève que la montée. Il eut le temps de percevoir, toutefois, que le vent soufflait plus fort, ou du moins était plus constant, peut-être valait-il mieux dire plus présent. Tandis qu'il marchait (sous ses pieds les petits cailloux cédaient de quelques centimètres à chaque pas), Daniel pensa que cet air froid, qu'il recevait par courants selon un rythme particulier et changeant, s'apparentait au premier abord à la vacuité : autour de la montagne, si haut, il n'y avait rien. Mais cela pouvait aussi être – il en eut l'idée – le contraire de cette vacuité : le vent était une existence que l'on ne pouvait voir mais qui occupait tout l'espace céleste autour de la cordillère des Andes, avec une récurrence variable mais également impossible à nier. Il ne pouvait se décider : il pensait d'abord l'un, puis l'autre, et voulait parvenir à une conclusion, mais à la vérité, il se trouvait dans l'incapacité de s'attacher vraiment à aucune idée. Il avait coutume de définir, de décrire les choses, puis de pouvoir affirmer ce qu'il avait pensé. Mais là, pendant qu'il marchait dans la descente, pris dans le froid du vent occasionnel, suivi d'Augusta et de la chienne, il ne trouvait pas quelle conclusion tirer de tout cela. De rien.

Peut-être était-ce momentané, peut-être qu'à l'avenir il pourrait comprendre à nouveau les choses.

Revenus à la Jeep, ils mangèrent quelques sandwiches qu'ils avaient apportés et picorèrent des cacahuètes et du maïs grillé. Ils épluchèrent et dégustèrent quartier après quartier des mandarines à l'acidité explosive. Toujours silencieux, ils burent du café d'un thermos métallique, puis de l'eau d'une bouteille transparente. Ils donnèrent à manger à la chienne, ainsi que quelques gorgées d'eau, après quoi ils rangèrent le tout et commencèrent le trajet du retour.

– Il est déjà cinq heures, dit Augusta, surprise, peu après avoir démarré. La journée est finie.

– A-t-elle été productive ? demanda Daniel, et n'obtenant pas de réponse immédiate, il poursuivit : as-tu obtenu les photos que tu voulais ?

– Oui, j'en ai pas mal, répondit Augusta, sans grande conviction, peut-être fatiguée de tout.

Pendant qu'ils avançaient, Daniel reconnut des parties du chemin qu'il avait remarquées à la montée. Il sentait un air de familiarité avec ce qu'il voyait : c'était une sensation semblable à une douce placidité.

À un moment donné, déjà bien en bas, au pied de la cordillère des Andes, Augusta alluma la radio qui captait à nouveau les stations et ils firent le reste du voyage sur un fond musical.

Ils arrivèrent à Miranda à la nuit, l'éclairage des lampadaires se cumulant pour donner l'idée de la ville. La vie qu'ils voyaient, à laquelle ils s'unirent, était la vie habituelle, pensa Daniel : rien n'avait changé pendant cette journée qu'ils avaient passée en montagne. Cette idée le surprit : avoir espéré trouver quelque chose de changé seulement parce que lui s'était absenté quelques heures. Comme si son absence opérait d'une façon ou d'une autre, qu'elle avait une incidence sur ces lieux où lui, de façon inhabituelle, un moment, n'avait pas été.

Ils arrivèrent au bâtiment où vivait Daniel et dont, d'ailleurs, il voulait déménager. Augusta arrêta la Jeep (qui produisait maintenant un son fatigué) et coupa le moteur. Daniel voulut faire des adieux rapides, mais son amie l'enlaça longuement, avec affection.

– Je suis désolée, Dani, lui dit-elle. Vraiment… tu sais à quel point je suis désolée.

Lui reçut ces condoléances en acquiesçant, tandis qu'elle lui disait qu'ils pourraient refaire une sortie du même genre, une promenade vers une autre destination, un autre jour.

– Il te suffit de me prévenir et je viens te voir, comme aujourd'hui.

– Oui, voulut dire Daniel. Peut-être le dit-il, mais sa voix sortit presque blanche.

Ils s'enlacèrent à nouveau.

Quelques secondes plus tard, ils sentirent que la chienne Blanca, qui s'était approchée depuis le siège arrière, faufilait son museau entre eux avec douceur, au milieu de leur étreinte.

La haie

Marcela Ribadeneira
traduit par Marianne Millon

Tu te souviens quand le monde était un océan infini qui se brisait contre la fenêtre de ta chambre, chargé de promesses et de possibilités, d'une perspective saline qui te hérissait la peau et allumait une petite flamme dans ton estomac ? Quand tu laissais les rideaux ouverts pour permettre à la lune de se pencher sur ton visage ? Quand tu rêvais d'être quelqu'un d'autre ? Tu te souviens des nuits de ton adolescence ? De leurs caillots de brouillard, des étincelles de l'autre côté du verre ? Sous le ciel, les lucioles. À l'extérieur du ciel, des étoiles n'avaient pas encore été estompées jusqu'à l'invisibilité par le *smog* et l'éclat fluorescent qui transpirait de la vallée de Los Chillos[7].

---

7. Vallée tempérée et touristique située au sud-est de Quito, à proximité du volcan Cotopaxi. (N.d.T.)

Dans cette vallée, il y avait des parcelles de pâturages et de forêts où il était encore possible de voir directement les pupilles des vaches, et d'observer les merles, les moineaux et les vautours. Tu t'en souviens ? On y trouvait encore des arbustes qui, ployant sous le poids de douzaines de mûres petites et gonflées, comme des grains sur le point d'exploser, griffaient la terre.

Tu as tenu des nids dans tes mains, petite. Des nids bâtis avec des pailles très sèches et des plumes, avec des restes de feuilles et des bouts de plastique. Parfois, ils tombaient des pins ou des jacarandas. Tu les tenais et tu me les montrais. Qu'un oiseau bâtisse te semblait être une découverte incroyable et tu ne comprenais pas pourquoi le monde semblait ne pas le remarquer, pourquoi il ne s'arrêtait pas, pourquoi il n'était pas ivre de fascination.

Le monde est ivre d'indifférence, j'aurais voulu pouvoir te l'expliquer.

Parfois, les nids tombaient de la haie, de l'étreinte du lantanier et du lys tigré. Un système circulatoire de branches et de tiges, de pulpe, sauge et nectars. Le verrou de la maison ; un lieu pour les abeilles et les moineaux. Le bord vivant où s'achevait le foyer et commençait le monde, où je finissais et où tu commencerais.

Je ne sortirais jamais d'ici, petite. Même des années plus tard, quand la maison serait mise en vente et démolie, quand les arbres seraient arrachés à la racine, quand l'étreinte du lantanier et du lys tigré se briserait. Même quand je mourrais.

Je ne sortirais jamais de là, petite, mais toi si.

Je te parle des nids car c'étaient les choses qui te trahissaient. Je pouvais voir que tu ne ferais pas partie de notre lignée, que tu t'en séparerais. Ta sœur arrivait en courant dans la cuisine. Elle fouillait dans le garde-manger et sur les plans de travail jusqu'à ce qu'elle trouve ce qu'elle cherchait : une salière en verre dont l'intérieur brillait quand elle le soulevait sous le soleil du jardin en signe de triomphe. Elle remuait l'herbe à l'endroit où elle avait aperçu la limace. Elle suivait les feuilles léchées par son abdomen, une trace humide qui zigzaguait et se tordait abruptement jusqu'à s'évanouir ou à déboucher sur un monticule de chair visqueuse et luisante, un monticule de créature sur laquelle elle déversait une tempête de sel, un grand déluge qui mettait un terme à la vie.

La mort de la limace représentait la fin d'un jeu et le début d'un autre. Après avoir déposé la salière dans la cuisine, elle courait dans sa chambre et sortait plusieurs poupées de leur malle, toutes minces, blondes, maquillées, la poitrine compacte. Elle en sortait également une petite piscine dans le fond de laquelle et en cursive, gravé dans le plastique bleu ciel, était écrit Barbie.

À quelques pas de la piscine, sur l'herbe du jardin et sous le soleil, le corps de la limace durcissait et l'eau de la piscine se réchauffait.

Tu te souviens, petite, où tu étais, quand ta sœur jouait avec ses Barbies ? Quand la limace se tordait et que le sel s'arrêtait de tuer pour revenir à la cuisine saler des *tortillas* de pommes de terre, des *locros*[8] et des filets de viande panée ? Quand ta sœur lâchait ce petit rire âpre ? Quand on attachait dans les cheveux synthétiques des poupées des nœuds qui enduraient des dizaines de plongeons ?

Je tente de m'en souvenir. Les jours de la haie sont blancs, lumineux. À tel point que de nombreux souvenirs que je devrais avoir sont surexposés.

Mais les nids, je m'en souviens, petite.

Et je me souviens aussi du matin où tu vidais le flacon de pastilles d'ergotamine et de caféine – quatre ou cinq comprimés, tu les as tous avalés. Tu te souviens pourquoi ? Tu as pris dans la salle de bains le petit flacon de verre que je gardais

8. Ragoût. (N.d.T.)

pour quand la couronne de diamants descendrait des nuages jusqu'à mon front et appuierait sur les cornées, me déchirant les vaisseaux cérébraux, les faisant exploser.

Maintenant je peux voir tes doigts minces, fouillant dans le coton du flacon aussi précisément que des pinces pour en extraire quatre ou cinq de ces petits disques jaunâtres et amers. Maintenant je vois comment tu les as portés à ta bouche, un par un, les poussant dans l'œsophage à l'aide d'un verre de jus de tomate naturel, de papaye, ou de lait. À l'époque, je ne t'ai pas vue faire, je ne t'ai vue qu'après, quand tu t'es jetée à plat ventre sur la pelouse, près du jacaranda, et que tu as laissé sortir de ta bouche la salive provenant de ton estomac lacéré.

Je t'ai dit et je me suis dit que c'était de la faute des raisins qui poussaient emmêlés dans la haie. Qu'ils n'avaient peut-être pas mûri. Et tu étais d'accord avec cette supposition parce que tu n'as rien dit, même si tu ne les avais pas mangés. Même si ceux qui pendaient de la treille, à l'époque, étaient très doux et odorants, tendres à l'intérieur, leur fourreau protecteur prêt à se déchirer pour en excréter l'or. Plus tard, tu pleurais sur ton lit une place, enroulée dans l'édredon, mais tu avais cessé de saliver. Cela non plus je ne l'ai pas vu à l'époque, mais je le vois aujourd'hui, et je me vois moi aussi de l'autre côté de la haie, allant par la Vía al Tingo vers la pharmacie pour y replacer le flacon perdu, laissant derrière toi – l'espace de quelques minutes – la haie, le buisson d'arbustes et la chambre qui te retenait.

Petite, si tu te souviens des nids et des comprimés, alors tu dois aussi te souvenir du jour des cendres. Ta sœur ne vivait plus avec nous et jamais la maison ne nous a paru aussi grande et la haie qui l'entourait aussi dense. Mais il y avait de la paix, le genre de paix dans laquelle se réfugient les personnes tristes, celles qui s'enferment en elles-mêmes et voient les autres comme des ombres et des bruits. Ce n'était pas de la paix, mais du silence. Tu t'en souviens ?

La gorge invisible, cachée derrière les lèvres de roche volcanique, derrière le plateau, a crié.

Comme cela arrive avec les cris, ce n'est pas le son qui est émis, mais les substances qui émanent de l'intérieur qui affectent et transfigurent ce qui se trouve autour, qui l'infectent.

Les cendres du Guagua Pichincha[9] ont griffé les yeux des vaches, des merles, des chiens, des chats, des poules, des moineaux, des porcs, des lapins, des enfants, des femmes qui accrochaient leur linge sur les étendoirs de leurs patios et

9. Volcan situé à une dizaine de kilomètres à l'ouest de Quito, culminant à quatre mille sept cent soixante-seize mètres. (N.d.T.)

terrasses, et des ouvriers qui travaillaient sur les chantiers. Elles ont déversé leur poids gris sur les maisons. Avec une hâte inversement proportionnelle à la résistance du matériel dont étaient faits leurs toits, les gens ont improvisé des masques avec les morceaux de tissu qu'ils trouvaient et ont grimpé pour les disperser. En tombant, la matière avait déjà emporté plusieurs toits en tôle ondulée du secteur, qui s'étaient fendus comme une coquille ou une boule de Noël, comme l'œuf Kinder avec une surprise.

À Los Chillos, la cendre avait saupoudré les jardins, les potagers, les voitures et les cours en ciment des écoles. À l'extérieur, ce fut mortel. Les cultures naissantes étaient asphyxiées. Les eaux devenaient amères. La gorge des moutons, des vaches et des porcs qui ne savaient où se réfugier, qui avaient bu l'eau corrompue des ruisseaux et brouté l'herbe empoisonnée, se fermait.

La souffrance individuelle, telle celle d'un chien qui aboie, blessé, à distance, vous effilochait le cœur. Mais les tragédies à grande échelle, dans lesquelles les pertes et la souffrance se diluent dans des nombres et des statistiques qu'aucun cerveau ne peut vraiment saisir, vous dilataient les pupilles de fascination. Tu palpitais avec l'intensité du nouveau pouls du monde, un monde qui se secoue et réajuste ses pièces afin de ne pas s'effondrer sur lui-même comme une tour de Jenga[10]. Je l'ai su quand je t'ai vue dans la cour, allongée sur le dos sur le ciment, les collants et la jupe du collège tachés de suie, les jambes et les bras tendus, traçant des anges de neige sur la cendre. La langue glissant à l'extérieur de ta bouche pour recevoir cette noire communion. En souriant, petite. Toi, qui souriais si peu.

Tu es comme ça, tu ne te sens vivante que lorsque les autres perçoivent enfin la mort comme tu la perçois, toi. Lorsqu'elle adopte une couleur, une odeur et un corps et que l'on commence à en sentir le poids sur la peau. Lorsque tous peuvent voir qu'elle nous a toujours regardés dans les yeux, comme tu regardais les merles et les moineaux à travers la fenêtre de ta chambre. Était-ce la mort que tu cherchais au fond de la bouteille ? Que tu avais sur le bout de la langue, en cet après-midi d'éruption ?

Tu as découvert le moineau sur le ciment de la cour, les yeux et le bec ouverts, les plumes poisseuses d'une colle grise faite de rosée et de cendres.

Le nid, incrusté au cœur de la haie, était vide.

Davantage qu'une pensée articulée, j'ai ressenti

---

10. Jeu de société dont le but est de retirer les pièces d'une tour pour les replacer à son sommet jusqu'à ce qu'elle finisse par tomber. (N.d.É.)

une vague de certitude. La cruauté était là, aussi pure et puissante que la mienne, que celle de ta sœur. Tu ne la libérais pas sur d'autres corps, mais sur le tien. Tu ne projetterais pas de sel sur un corps pour le blesser de façon létale par la soif. Non. Mais tu explorerais toute substance présentant une odeur de mort, petite. Tu l'enduirais à l'extérieur et à l'intérieur jusqu'à ce que l'image des autres, que tu ne peux que voir en toi-même et que tu méprises, s'évanouisse.

À l'intérieur de la haie, et désormais sans ta sœur, j'étais tout ce qui pénétrait du monde, petite. J'étais le reflet des autres, la boîte de Petri[11] où fleurissait ton mépris.

À l'intérieur de la haie, sur une terre de merles, de moineaux et de plantes grimpantes, sur ta terre, j'étais la lignée que tu repoussais, dont tu voulais t'amputer.

Pour sa dernière année à l'université, ta sœur a quitté l'Équateur et la haie a encore resserré ses nœuds autour de nous. Les pavés qui recouvraient notre carrefour, à l'angle des rues Pastaza et Bobonaza, avaient disparu; leurs roches anguleuses avaient été emportées par une benne-camion qui les avait jetées dans le lit du Pita. La rivière regagnait la rivière, du moins

11. Boîte cylindrique transparente utilisée en microbiologie pour la mise en culture de bactéries, de micro-organismes ou de cellules. (N.d.T.)

ce qu'il en restait. La rivière regagnait la rivière pour y mourir. Un revêtement sombre et poreux entourait la maison et sa barrière vivante.

Tu as installé Cleo dans ta chambre, l'unique survivant du petit aquarium rond que ta sœur avait laissé. Quand un fiancé le lui avait offert, cinq ou six petits poissons traçaient des cercles serrés et claustrophobes dans l'eau. Sur le bureau, l'aquarium et son eau trouble étaient un vase macabre que tu évitais de regarder, petite. Mais le jour où ta sœur est partie, tu as ouvert la fenêtre de sa chambre et tu as emporté Cleo dans la tienne. Puis tu m'as demandé de l'argent pour un aquarium neuf et une pompe à air. Je t'ai emmenée à la boutique d'animaux de compagnie de la Plaza del Valle, où tu as également acheté des plantes aquatiques et des pierres. Tu avais besoin de construire un écosystème. Tu as beaucoup insisté sur ce terme.

Tu te souviens de ce qui est arrivé quand tu as mis Cleo dans ce cube en verre ouvert, petite ? Quelques jours après son emménagement dans son nouvel aquarium, tu as commencé à l'appeler Cleopatra. Dans le nouvel environnement, son corps s'est détendu et a laissé échapper une grappe de boulettes translucides. Blotties sur elles-mêmes, les boulettes ont commencé à se développer et à se séparer les unes des autres.

Beaucoup ont nagé vers les eaux les plus proches de la surface, mais d'autres se sont enfoncées. Quand elle est stressée ou se sent en danger, la femelle des poissons guppy prolonge sa grossesse, tu l'as lu dans l'encyclopédie *Océano*, dans le tome de biologie, et tu me l'as raconté. Tu avais le même regard que lorsque tu as découvert le nid le lendemain de l'éruption.

Cleopatra avait toujours été constipée. Avec le départ de ta sœur, la haie qui entourait son ventre s'est relâchée.

Petite, j'ai souvent vu dans la maison une extension de mon ventre.

Tu as enterré Cleopatra dans une boîte de cure-dents, sur un matelas en coton de la marque Sana. Avant de refermer le couvercle, tu as fait pleuvoir des corolles de lantanier sur son corps gonflé.

Peu après, j'ai fait construire un rebord, une sorte de trottoir entourant la maison, la protégeant de l'humidité qui faisait transpirer les murs et la peinture. L'idée que la tombe de Cleopatra soit protégée par une chape de béton t'a plu ; tu avais enterré la boîte de cure-dents près du mur extérieur de ta chambre, par où passerait le trottoir. À l'époque, tu ne prenais plus de flacons de médicaments qui ne t'appartenaient pas. Tu savais te faire du mal en silence et avec discrétion, en évitant les hôpitaux et des cicatrices visibles, et tu avais tout un répertoire de méthodes pour cela.

À l'époque, tu t'étais déjà écartée de moi et la seule chose qui maintenait un semblant de gravitation entre nous était la vallée vivante. L'enfermement partagé, la densité des corps de chacune. Le monde continuait à se fracasser en vagues contre la fenêtre de ta chambre, mais les possibilités s'étaient transformées en terreurs et tu voulais aller à leur rencontre parce que tu ne gravitais plus que vers moi, un peu, et vers ta propre extinction. Tu es sortie à sa rencontre avec le souvenir des poissons morts, des limaces desséchées, des rivières et des pâturages amenuisés ; et celui de ton ventre lacéré ; celui d'une mère qui récupérait sa corporéité uniquement quand elle passait de l'autre côté de la haie, une mère qui était devenue le fantasme de toutes les femmes de sa lignée, condamnée à graviter autour d'une maison qui l'avait avalée longtemps auparavant.

Tu te rappelles que nous avons planté ensemble la haie et que nous avons attendu sa floraison avec enthousiasme ? Que nous l'avons vue s'épaissir à travers les semaines, les mois et les années ? Tu te rappelles que tu m'aidais à l'arroser ? Tu te rappelles où était ta chambre, la maison, le lantanier et le lys tigré ? Pourrais-tu circuler sur l'autoroute qui passe aujourd'hui sur le terrain où nous avons vécu et désigner le point exact ?

À l'Ondine

María Angelina, lui, elle (histoire d'un amour ancien)

Vladimiro Rivas
traduit par Marianne Millon

– Pour moi, rien de plus triste que de voir les fleurs se faner, soupira la vieille fille.

Elle agita la tête en se répétant intérieurement non, non, non. Les gens endimanchés l'approuvèrent d'un air moqueur et continuèrent à jeter de petits cailloux à la surface lisse de l'eau. Ils ne s'aperçurent pas que l'orchidée s'était effectivement fanée sous le soleil ardent de l'été. Son apparence étrange, chaussures noires à épais talons hauts, jupe en soie noire, ceinture nouée autour de sa taille fine, parachevée par une écume de dentelles aux poignets et sur la poitrine, un chapeau incliné de façon incongrue, avec un voile qui festonnait sur son front, attirait moins l'attention que cet air de liberté, cet abandon de tout garde-fou qui évoquait à la fois l'indépendance et la détresse, la force et la faiblesse, la liberté et la solitude. Tout le monde la savait folle, oui, mais pas à lier, de sorte que ses soupirs et extravagances suscitaient une sorte de bienveillance moqueuse. Personne ne la poursuivait avec des cailloux ou des sifflets, ne l'ennuyait ouvertement ou ne lui jetait sa folie au visage. D'une certaine façon, aussi, elle inspirait le respect, parce qu'on ne savait pas comment elle allait réagir. On raconte par exemple que, lorsqu'un jeune premier libertin la poursuivit de ses assiduités, il reçut d'elle la réponse suivante : « Allez rejoindre vos semblables sans envergure, je suis María Angelina, une femme respectable », et, foudroyé par ce regard, il dut dorénavant garder ses distances et demander aux autres de l'imiter. Une barrière la protégeait d'une éventuelle invasion du monde. C'était elle, en revanche, qui assaillait les gens avec une question ou une observation, car elle aimait choisir ses interlocuteurs. De temps en temps, elle acceptait sur un trottoir, sur un banc, une compagnie, mais librement choisie. Elle abordait ainsi l'inconnu : « Dites, je vous connais » ou « Ne nous sommes-nous pas rencontrés à une corrida à Pastocalle[12], il y a trois ans ? » Et de renchérir devant la perplexité de l'homme assailli : « Vous

12. San Juan de Pastocalle, province de Cotopaxi, au sud de Quito. (N.d.T.)

vous êtes cassé une jambe en voulant sauter la barrière, poursuivi par un taureau au pelage brun. Oui, oui, il y a trois ans, à Pastocalle. J'ai bonne mémoire... » Alors l'inconnu, toute cette histoire lui pesant sur les épaules, devenait par force une connaissance supplémentaire. Tout en gardant un œil tourné vers elle-même, du coin de l'autre œil, elle guettait le prochain ami, le complice suivant de sa rébellion. Elle s'approchait alors d'une personne surprenante : « Bizarre, jeune homme, cette barbe poivre et sel ! Incroyable, vous êtes encore un enfant ! » Elle y gagnait un autre ami occasionnel. Comme, la voyant silencieuse à une procession du Vendredi des Douleurs[13], une connaissance étalait devant elle les qualités de son chant, María Angelina s'approcha et lui dit : « Dieu entend mieux les compliments d'une lettre que les *Ave Maria* d'une voix maladroite. Et comme ma voix ressemble à la vôtre, je ferais mieux de me taire. La voix boîte, la lettre vole. » À l'intérieur de sa maison aux demi-colonnes ioniennes, aux chapiteaux et aux corniches du XVIIIe siècle, aux rideaux flottants et oppressants, on respirait un air ancien, l'odeur d'une chose qui n'est plus. Située dans la rue Sucre, elle recevait la visite de connaissances ou de curieux qui

13. Célébration qui se concentre sur la douleur émotionnelle de la Vierge Marie. (N.d.É.)

escomptaient résoudre l'énigme de la vie intime de cette petite folle. Mais, comme sa servante, ils ne découvraient que les tâches domestiques d'une vieille fille vivant confortablement d'un héritage.

Cette ville andine, qui avait adopté d'exquises habitudes européennes qu'elle suivait obstinément et disposait de gens habiles de bon goût qui mettaient ici en ordre les pampilles d'un lustre, là raccommodaient des tapis, et là-bas rapiéçaient des tapisseries, ne tarda pas à découvrir en María Angelina une brodeuse et dentellière remarquable. Elle tissait des tableaux mythiques ou inventait avec le fil des histoires d'amour se résumant presque toujours à une seule scène. Le bon goût des gens, semblable à celui qu'un sourire maladroit révèle une dent en or dans une bouche habituellement fermée, les poussa à montrer ces dentelles et ces broderies en tout lieu, et à leur donner les usages les plus extravagants, comme se moucher avec les seins de Briséis[14] rendue à Achille ou écraser avec une tasse de riz au lait une femme sous la lune pour déplorer l'absence de l'être aimé.

Mais, en ce matin éblouissant de dimanche, elle composait un tissage différent avec un fil différent. L'orchidée fanée frissonna au contact de la main

14. Dans la mythologie grecque, épouse de Mynès, roi de la ville de Lyrnessos, enlevée pendant la guerre de Troie par Achille. (N.d.É.)

crispée de María Angelina, la palpitation du jour sembla prendre fin et les jeunes gens cessèrent de lancer de petits cailloux dans la pièce d'eau. Elle allait au hasard, semblait-il, entre les jardins négligés, les photographes amateurs fixant leurs appareils, les bancs d'habitués indolents, les paysans qui vendaient des fruits, des céréales et de la viande. En franchissant l'arc du pont, elle s'arrêta. Elle le vit arriver. Elle hésita, feignit de regarder les canots à rames et tenta de se réfugier à la surface de l'eau. Sa respiration était agitée. Elle voulut réfléchir, se rappeler et oublier à la fois, s'expliquer, inventer une histoire, trouver un prétexte, n'importe quoi, et ne put que constater en silence l'approche du beau jeune homme qui n'allait pas modifier sa route, qui passerait fatalement par l'arc du pont, la remarquerait et reconnaîtrait peut-être, momentanément, sur son visage les traits décrits dans le livre qu'elle lisait. Ou, pire, il ne verrait en elle qu'un étonnement stupide, une perplexité implorante, une faiblesse, et alors elle serait perdue. Elle repartit en arrière presque machinalement et, en arrivant à l'arc du pont, elle s'arrêta à sa hauteur. Lui aussi avait stoppé sa course. Elle épia les traits du jeune homme – du moins parut-elle le faire – comme on contemple un paysage oublié qui tente d'affleurer un instant et de vous rendre les jours heureux;

elle ébaucha un léger sourire et, comme si sa vie en dépendait, risqua la question en tremblant :

– Je vous ai connu... il y a très... très longtemps. Vous étiez étudiant, n'est-ce pas ?

– Je... suis étudiant...

Elle passa la main sur son visage comme on se débarrasse d'une toile d'araignée avant d'attraper au vol une image, un souvenir heureux qui menace de s'en aller pour toujours. Elle sentit la consolation du jour qui, entre eux, au-dessus d'elle, relevait les ailes; elle perçut de nouveau le clapotis des petites pierres sur l'eau, entendit les harangues des robustes vendeuses des rues. Elle jeta un regard en arrière pour s'assurer que ce n'était pas un mensonge, que tout était réel et comme avant, comme on désigne quelqu'un dans cette masse ensommeillée, en dehors ou au-delà mais qui en fait partie, et dit au jeune homme :

– Il y a une fille, jeune et jolie, qui s'intéresse à vous. Peut-être vous aime-t-elle à votre insu. Maintenant au moins, vous êtes au courant. Elle vient le dimanche dans ce parc, pas aujourd'hui, j'ignore pourquoi, mais tant mieux, vous dirai-je, parce que ses parents, enfin vous voyez... ils décident de tout. Ne commencez pas à poser des questions: il faut avancer lentement sur un chemin caillouteux. Elle vous connaît de vue, mais elle veut savoir comment vous vous appelez… Je lui parlerai de votre part. N'en dites pas plus, Alvaro, travaillez cette semaine, et nous nous verrons dimanche prochain ici, à la même heure. Poursuivez, poursuivez, poursuivez votre chemin. À dimanche, alors.

Et comme si ce dimanche l'attendait au bout de l'Alameda avec la jeune fille à son bras, elle se mit à marcher à pas pressés sans se retourner. Elle était sauvée. Mais elle s'était engagée également.

Terrifiée, débordant d'inquiétude, elle passa le reste de la matinée à se frotter les mains, passant d'une pièce à l'autre, ne faisant qu'à moitié ce qu'elle faisait auparavant en entier et avec rigueur. Seul l'après-midi lui rendit sa tranquillité. Elle allait se rendre sur le balcon quand elle entendit sonner les cloches de l'église. Elle se dirigea vers sa coiffeuse d'un pas ferme, presque viril, se couvrit la tête d'une mantille et non d'un chapeau, se reconnut dans le miroir de face et de profil, se dit au revoir et sortit.

À la procession, elle se sentit mieux : en sécurité, protégée, en quelque sorte multipliée par des dizaines de voix disparates qui chantaient pourtant à l'unisson. Cette Vierge portée sur des brancards, cette odeur d'encens et de roses fraîches, ce chant massif qui défilait, lui firent oublier presque entièrement l'épisode de La Alameda et même décider, dans un moment d'euphorie, sans se souvenir des circonstances ni même l'essayer, plutôt avec une volonté inconsciente mais ferme d'oubli, qu'il ne s'était rien passé, qu'elle ne s'était engagée à rien ni avec personne, qu'elle ne viendrait à aucun rendez-vous le dimanche, et gare à qui prétendrait le lui rappeler. Tout cela n'avait été qu'illusion et leurre, et personne n'avait le droit de lui rappeler des choses qu'elle avait décidé d'oublier. « Je suis María Angelina et c'est tout ce dont j'ai besoin », s'entendit-elle dire quand le cortège tourna au coin de la rue. Elle se retourna et domina la foule du regard, comme si quelqu'un l'avait appelée. C'était un regard de défi, oui, mais à ce moment précis elle eut un nouveau sursaut. Elle s'arrêta. Poussée par le cortège, elle se retourna parce qu'elle se sentait de nouveau attachée à une chose agréable qui la rendait malheureuse. Derrière, la tête blonde recouverte d'une mantille blanche, le visage éclairé par le cierge qu'elle tenait à la main et par d'autres cierges proches, la jeune fille avançait. Elle était à la fois d'une beauté resplendissante et porteuse d'une solitude qui la rendait vulnérable. María Angelina promena son regard comme si elle cherchait quelqu'un ou quelque chose qui compléterait sa vision et lui donnerait de l'assurance. Elle reconnut en son for intérieur la faiblesse du matin sur l'arc du pont et, se frayant un passage à travers cette forêt de torches, à contre-courant, elle chercha à se rapprocher de la belle jeune fille qui allait fatalement tourner au coin de la rue où elle, María Angelina, s'était arrêtée au hasard. Surprise, terrifiée, la jeune fille s'arrêta elle aussi devant elle et la regarda. Il se produisit dans leurs yeux une tension que même la foule, fébrile, enveloppante, ne put briser. Elles semblèrent se comprendre secrètement et dépendre l'une de l'autre ; la plus jeune, peut-être parce qu'elle était plus jeune, restant à la merci d'une personne adulte et inconnue (son regard, son regard, son regard), qui allait lui dire quelque chose ; et la moins jeune, peut-être parce qu'elle était moins jeune, cherchant dans l'autre, comme dans un coffre secret, son identité, la jeunesse, ou un moment perdu de sa jeunesse. Le cours du temps semblait suspendu à ce brusque regard partagé. María Angelina pressentit le pas que l'autre allait faire, la permission qu'elle allait demander, et d'un regard caressant, très tendre, elle la couvrit avec les mots d'amour du jeune homme qu'elle verrait à La Alameda le dimanche suivant à onze heures.

En s'agenouillant au passage de la procession pour recevoir la bénédiction du curé, elle pria de toute son âme pour Alvaro et Margarita.

Le dimanche suivant, sur l'arc du pont, Alvaro Quiñónez reçut des mains de María Angelina la lettre suivante :

Monsieur Alvaro Quiñónez

Je ne sais vraiment pas, je n'ose choisir un en-tête pour m'adresser à vous en des termes qui me rendent à la fois digne de votre respect et expriment sans ambages ce que j'éprouve pour vous. Une femme, que vous connaissez certainement, María Angelina, m'a parlé de vous. Elle a toute ma confiance. C'est pourquoi j'ai préféré que les premiers pas dans nos relations se fassent par son entremise.

Ce qui m'a poussée à briser mon silence est, en premier lieu, la découverte que j'ai faite de la bonté de cette femme, je vous demande donc, je vous prie, de partager cette découverte avec moi et de lui faire entièrement confiance. En deuxième lieu – je ne peux me taire plus longtemps ni vous le dire sans rougir ou éprouver des scrupules –, je voulais vous dire que je vous connais, je vous ai aperçu de ma fenêtre vous diriger vers l'université tous les jours, j'ai entendu parler de vous, et ce n'est que parce que je sais qui vous êtes et comment vous êtes que j'ai osé vous l'avouer, quitte à briser tous mes principes et mes terreurs – dont je ne sais pourquoi ils vont presque toujours ensemble –: je suis très intéressée à vous rencontrer en personne, Alvaro, et à vous parler.

Mes parents, ma famille, qui sont très riches, pèsent sur mes actes d'une façon décisive, j'ai donc dû chercher un moyen clandestin pour parvenir jusqu'à vous. En fait, mes parents m'ont trouvé un nouveau fiancé à la hauteur de leur compte bancaire, et même s'il ne me déplaît pas entièrement, je ne peux pas assurer non plus que le bonheur que j'espère m'attend auprès de lui. La famille, Alvaro, est un mal nécessaire. Elle exige de nous que nous lui ressemblions à tout prix, et parfois, Alvaro, croyez-moi, nous sommes très, vraiment très différents.

Je n'en dirai pas davantage pour l'instant. Ayez toute confiance – comme moi – en María Angelina, qui dirige pour l'instant nos mouvements, et suivez ses instructions.

Sincèrement vôtre,
Margarita

– Bien, que dois-je faire ? demanda le jeune homme, incrédule, perplexe, obéissant.

La veille, il avait plu, et maintenant le soleil brillait. Une fragrance d'eucalyptus, de fleurs et d'herbe humide embaumait l'air.

– Cela ne me suffit pas, poursuivit Alvaro. Je peux la voir pour de bon ?

On sentait également une douce rumeur d'insectes et de brise.

– Considérez qu'elle vous entend, dit María Angelina en souriant.

– Oui, je sais, mais quand, et où ?

Et il replia la lettre pour l'enfermer dans l'enveloppe. Les promeneurs commencèrent à envahir le pont.

– Ella viendra au parc d'un moment à l'autre, avec son promis.

Deux enfants coururent vers eux en se poursuivant.

– Et moi, que dois-je faire ? demanda-t-il avec anxiété. La guetter ?

– Oui, elle viendra, je vous l'assure parce que je la connais et que je sais ce qu'elle éprouve pour vous. Pour l'instant, la seule chose qui vous est permise est de l'observer. Elle tendra toujours à regarder de ce côté. Vous, donc, écartez-vous, réfugiez-vous dans un kiosque, celui-ci, par exemple, où on joue de la musique. Essayez de ne pas vous montrer. Sinon, tout sera perdu. Rappelez-vous : elle ne doit pas vous voir, vous si. Et maintenant, séparons-nous.

María Angelina – chaussures noires à épais talons hauts, jupe noire retenue à la taille par une ceinture, se terminant par des vagues de dentelle blanche sur la poitrine et les bras, chapeau incliné sur un côté avec sa voilette au crochet – se mit à observer la surface lisse de l'eau frissonnant sous les petits cailloux. Elle chercha en vain du regard le souvenir d'un dimanche qui n'avait pas été oublié : l'orchidée avait été écrasée ou tranchée, comment savoir ? Du gramophone du kiosque s'échappait une chanson :

La jeunesse est brève comme une rose précoce…

Elle pensa de nouveau au jeune homme qui attendait avec anxiété à l'intérieur. Elle se demanda si elle ne s'était pas trompée. Non. Il s'agissait d'un jeune homme qui venait d'arriver à l'université depuis une province éloignée, qui ne connaissait encore personne et n'était connu de personne d'autre qu'elle, María Angelina, oui, qui devait profiter de ces jours que Dieu lui avait accordés : si elle attendait plus longtemps, tout serait perdu. Même l'amour s'en irait comme une rose précoce. Il fallait le réaliser, vite, maintenant, et – folle, impatiente elle aussi – elle respirait agitée, regardait ici, là, tournait sur elle-même avec l'envie de lancer de petits cailloux, mais non, se dit-elle, elle va venir et comme je me serai relâchée, je ne saurai pas à quelle heure elle est arrivée, ni où elle était, ni ce qu'il a fait, ni elle, et María Angelina resterait là les bras écartés comme un épouvantail, crucifiée, traversée et ridicule, comme elle l'avait été un jour pour tomber amoureuse d'un idiot.

Et elle apparut, soudain, éblouissante, entre les arbres, au bras de son promis, comme la domestique de la maison le lui avait annoncé. Elle apparut en souriant pudiquement à l'inconnu et en se montrant de nouveau elle-même et son partenaire avec un sourire présomptueux qui refusait de s'exposer entièrement devant les passants assoiffés. Elle se pavanait comme si elle avait été à la tête d'un cortège long, très long, avec une queue, une queue si longue qu'il fallait la surveiller, parce que sinon elle s'enroulait là ou restait enroulée autour du cou d'un dormeur. C'était vrai: Margarita était belle comme Vénus émergeant de sa coquille maritime, trop belle pour appartenir à quelqu'un.

Mais elle lui avait écrit la lettre. Dissimulé dans le kiosque caché par les arbres, Alvaro vit que María Angelina le surveillait discrètement. Comme pour s'assurer de ne pas être vue, elle claqua des doigts: le signal. Elle se plaça elle-même sur la scène et dirigea les mouvements du couple, de façon que la belle puisse se tourner vers les yeux assoiffés d'Alvaro. Mais impossible d'entendre ce qu'ils se disaient. Ils semblaient déjà tous se connaître : María Angelina, lui, elle.

À la fin de la conversation, de la promenade, de la matinée, de tout, María Angelina affronta un Alvaro extasié :

– Tu as de la chance, mon garçon, une chance plus folle que María Angelina. Alors, Alvaro ?

Elle observa la lettre froissée par ses mains nerveuses.

– Je veux lui parler, María Angelina ! Où habite-t-elle ? Dites-moi juste ça !

– Du calme, de la patience, jeune homme. Pour l'instant, tu n'as pas besoin d'en savoir davantage. Tu es tout feu tout flamme et je le comprends. Mais cela vaut mieux pour vous deux que tu n'en saches pas davantage. J'ai mes raisons.

– Combien de temps dois-je attendre ?

– Une semaine.

– Et après ?

– Peut-être une autre semaine… peut-être… Je dois m'en aller !, et sa voix révélait une douleur sourde. À dimanche, Alvaro, ici… ajouta-t-elle avec une sombre résignation.

Éludons la chronique de ses pleurs, doutes, remords, réflexions, élans de courage et, enfin, la décision ultime de ne pas reculer. Le dimanche suivant, dans un tourbillon dévastateur de vent et de poussière, María Angelina remit une lettre au jeune homme, qui tenta en vain de respirer la merveilleuse odeur du passé. Succincte, elle disait d'une écriture tourmentée :

Cher Alvaro,

J'ai annoncé à María Angelina que j'allais m'absenter de Quito pendant une semaine. Moi aussi, je n'en peux plus. L'impatience s'est transformée en une douleur de tout mon être. Il me faut ôter une épine de mon âme, cher Alvaro, et j'ai décidé de rompre avec ma famille. Je vous verrai samedi prochain à 11 heures à l'église El Belén. Venez, je vous en supplie. Vous n'imaginez pas l'importance de ce rendez-vous pour moi.

Votre Margarita

Et María Angelina s'éloigna, sombre, pressée, de l'arc du pont, tandis que Alvaro, fou de bonheur, partait en repérage vers l'église où Margarita devait l'attendre après ses cours.

Après sa journée du samedi à l'université, Alvaro se rendit dans la salle de bains, prit de nouveau une douche, se coiffa, se regarda de face et de profil, se dit au revoir et sortit. Il tenta de ne pas arriver débraillé et en nage malgré la course, de garder les lettres en main, et d'éviter que le vent ne le décoiffe. Il trébucha plusieurs fois, les lettres tombèrent autant de fois. Quand il arriva hors d'haleine à La Alameda, une bourrasque d'été mettait tout sens dessus dessous. Là, au fond, il put voir toutefois une oasis peuplée : l'église désirée, immobile, puissante quoique modeste, protégeant les véhicules impatients, nombreux, et des messieurs élégants. Il avait déjà l'estomac noué et cela l'inquiéta. À l'arrière, sur le dernier siège, il attendit. Il chercha Margarita dans la foule, mais elle n'était pas là. Il souhaita au moins s'appuyer sur cette bonne María Angelina. La messe s'acheva et les fiancés commencèrent à marcher entre les deux colonnes d'invités. Près de la porte, par un regard fortuit entre les chignons de deux femmes, Alvaro vit arriver la fiancée, Margarita. En sortant de l'église à droite de l'escalier, il découvrit enfin le visage du malheur : là, au pied de l'escalier, essoufflée, se trouvait María Angelina, pâle, lucide, décomposée, les mots s'étouffant dans sa gorge, comprenant qu'en brandissant le trophée de la vengeance, elle avait de nouveau tué ses illusions. Elle échangea un regard entendu avec Alvaro.

À Alex
Je m'efforce d'enterrer mon cœur.

Denise Riley

Le temps vécu

Daniela Alcívar Bellolio
traduit par Marianne Millon

Vieillir, c'est peut-être regarder les autres avec moins d'enthousiasme, avec un désir éteint ou simplement comme un écueil, des cendres tièdes, quelque chose qui reflète la vie sans l'incarner, en fait un souvenir toujours susceptible d'être regardé et touché, un souvenir pourvu d'un corps. Cela rend peut-être la mort possible. Sinon, peut-être aurions-nous déjà trouvé le moyen de vivre éternellement. J'ignore pourquoi je pensais ainsi : on était en train de se dire au revoir, et tout ce que je voulais, c'était un peu de temps encore. Je sentais qu'avec un autre whisky, tout irait mieux. Mieux que quoi ? Les choses s'étaient plutôt bien passées : une pluie fine et morne était tombée presque tout l'après-midi, gris, hivernal, brumeux, qui nous avait contraints à rester assis sur le porche à en écouter le son amplifié par le toit en PVC, à la chaleur du four à bois. Alex jouait de la guitare et je lui avais réclamé, l'une après l'autre, sans fausse pudeur, toutes les chansons qui me semblaient parfaites pour l'occasion. Furieusement tristes, de cette sorte de tristesse rare, peut-être la plus intense qui existe, celle qui prend forme quand on remercie sincèrement quelqu'un pour une chose perdue à jamais. Peu de choses me font pleurer autant et si instantanément.

Je remercie la destinée
d'avoir croisé ton chemin
Et même si tu n'es pas à moi
je suis heureux d'aimer
de recommencer à aimer

Je ne savais pas très bien ce qui m'attristait : vieillir, c'est peut-être avoir perdu de vue ce qui nous fait pleurer, et pleurer quand même. Quand j'entends des *pasillos*[15] – des chansons, en général –, je suis toujours étonnée par cette simplicité, cette force de la tendresse dans sa façon innocente d'y être nommée, quasiment comme si le langage n'existait pas.

15. Genre musical, à la fois chant et danse, souvent une chanson mélancolique, figurant sur la liste représentative du patrimoine culturel immatériel de l'humanité par l'Unesco. (N.d.T.)

On n'y parvient qu'en chantant un corps et un visage aimés. Aimés et perdus. Concrets, réels, quoiqu'infiniment lointains. Je me trouvais dans un état de mélancolie intense et je ne savais pas pourquoi. Je ne pouvais pas le savoir : je cherchais sans enthousiasme dans ma mémoire une scène ou un épisode qui me procurerait avec une telle vérité cette sensation douce de vide, de tristesse tranquille, et je ne le trouvais pas. Je savais dans le fond qu'il n'y avait rien, aucune vérité, dans la profondeur de mon évocation. Je savais qu'il n'y avait pas de fond. C'était une évocation vide, un murmure dépourvu de corps, une simple surface. Et pourtant, même le rire intensifiait l'impression de rater quelque chose, ou plus précisément de rater ce qui se passait en ce moment devant moi : les rires de mes amis, les regards qui se croisaient avec amour, reproche, appréhension, y compris le désir. Tout ce qu'était notre monde dans le brouillard d'avril.

Après manger, on tait certaines choses. A étreint E avec élan ; il n'a pas dû prononcer plus de deux phrases de l'après-midi. Son visage exprime une immense lassitude de vivre. Je connais parfaitement cette pâleur et ce regard qui se perd au loin, si seul, sur des images auxquelles s'accroche le souvenir. Je voudrais lui dire quelque chose pour l'encourager, mais rien ne me vient à l'esprit. Rien d'utile, du moins : j'ai connu ça et je regrette que tu en sois là, à faire comme si tu n'étais pas en enfer ; j'adorerais que tu saches que le temps est ton ennemi et va stagner allez savoir jusqu'à quand, qu'il est pris dans la lagune que ton corps veille et surveille aujourd'hui, afin que chaque piqûre parvienne à l'endroit visé et que la douleur soit reçue de manière primitive, sans obstacles ; tu es l'agent de ton propre malheur, en cela il n'y a pas de faute, il n'y a rien, encore moins de volonté, juste la vérité que le besoin aveugle du monde a déposée en toi. Ne lutte pas, ne résiste pas. Avec de la chance, cela ne durera pas.

J'imagine que A me tuerait si je disais à E ces simples vérités, déterminée à lutter contre les vagues de noir que broie son mari, à les repousser, ou simplement les retenir afin qu'elles n'engloutissent pas tout : la maison, les enfants, le quotidien. Je voudrais dire que tout a commencé quand E a découvert que A avait un amant, mais ce serait un mensonge. D'après ce que je comprends, ces questions bouillonnent, indistinctement, qui sait depuis quand, dans les recoins les plus éloignés du tissu neuronal, ou dans le silence des entrailles qui travaillent la vie, et attendent dans le calme que les conditions parfaites pour leur déclenchement soient réunies.

Quelque chose comme le cancer. J'imagine que le code génétique est une chose – une chose ? – silencieuse, discrète, masquée, du moins en la matière. Personne ne sait très bien comment il se forme, à quoi il répond, quelles surprises il réserve. Et nous passons une grande partie de nos vies à des travaux de dissuasion : alimentation saine, exercice, rites, croyances, superstitions. Dissuasion du destin, que personne ne connaît.

Récemment, mon cousin germain est mort, à quarante-trois ans. Avant lui, sa sœur avait eu un cancer elle aussi, et avant elle, deux de mes trois tantes, dont une est morte aujourd'hui. Il me reste d'elle son rire clair, sonore, son regard un peu triste, comme celui de mon père, sa façon de lutter contre la maladie, de repousser la mort avec vigueur, pour tenir jusqu'au sortir de l'enfance de son fils. La masse asymétrique que formait son soutien-gorge pourvu d'un coussinet, parce qu'elle ne se fit jamais poser d'implant mammaire. Quand elle se sentait en confiance, elle ne le mettait pas, et j'essayais vainement de ne pas regarder le grand sein solitaire dans la poitrine de ma tante, ou l'absence scandaleuse et terrible à côté. Et, même si je n'y ai pas assisté, son départ à contrecœur, sa dureté, me semblent d'une tristesse terrible, elle s'en est allée comme un enfant quitte une fête avant la fin, quand ses amis jouent encore, au comble de l'émotion. *Do not go gentle*[16]...

Tout cela tourne en permanence dans ma tête. C'est pourquoi je pratique moi aussi l'exercice de l'évasion comme je peux. E est déprimé et on ne peut rien faire pour l'aider. M plaisante en permanence, et cela me fait un peu de peine parce que je sais que le rire qu'elle déclenche est forcé et probablement douloureux. Mais l'après-midi est assez joyeux. On a mangé des pizzas et bu du vin, du rhum, du whisky. Ici, à Puembo[17], le froid est calme, paisible, il n'y a pas de vent. On peut donc rester tranquillement assis à la chaleur du feu en écoutant la guitare d'Alex, cette façon qu'il a d'insérer des accords majeurs dans la mélodie la plus douloureuse, comme une tentative d'air frais au milieu d'un lent naufrage pas entièrement désagréable. « Ta voix telle la baie de l'univers... » Je m'aperçois que je commente exagérément chaque chanson et je tente de me retenir. Le problème est que je suis un peu ivre et gagnée par l'enthousiasme : je

16. *Do not go gentle into that good night* (« N'entre pas apaisé dans cette bonne nuit »), vers d'un poème de Dylan Thomas (1914-1953) évoquant la mort et le chagrin violent qu'elle suscite. (N.d.T.)

17. Ville située dans la montagne à l'est de Quito, à proximité du plus haut volcan en activité d'Équateur, le Cotopaxi, culminant à cinq mille huit cent quatre-vingt-dix-sept mètres d'altitude. (N.d.T.)

suppose toujours que les autres n'écoutent pas assez attentivement, sont distraits, ne comprennent pas. Je me demande d'où vient ce préjugé.

Bien qu'elles soient postérieures à la fulguration de la réalité et à son effet sur moi, ces pensées présentent de toute façon un défaut structurel consistant à souffrir de décalage, d'aphasie par rapport à l'apparition rarissime des images dans le monde qui se dirigent vers mon regard. Malgré cela, elles subjuguent mon discours, ma façon d'assimiler le souvenir, car en fait il n'y a pas moyen d'éviter ce processus : je veux parler du processus consistant à assimiler, digérer, traduire, tuer les événements de la vie, plus précisément ceux de cet après-midi gris et pluvieux où, en compagnie d'amis très chers, nous restions ensemble après le repas dans un état légèrement éthylique, tranquille, froid, accueillant et commun. Parce que la dérive de la pensée en la laissant courir, en parlant, me mène aux parcours secrets des cellules qui ont formé des tumeurs chez plusieurs membres de ma famille proche, et m'empêche de rester, ou simplement de décrire avec une certaine précision l'intensité du vert de l'herbe mouillée par des jours entiers de pluie, la façon dont cela contrastait avec la couleur flamboyante des maiwas[18], daturas et

18. Variété d'orchidées. (N.d.T.)

chinchines[19], lavandes, calendulas et pensées. Un peu comme la concentration persistante de Julia, mon chat, une femelle qui, comme moi, se perd souvent dans le paysage pendant de longues périodes. Son regard scrute inlassablement le vol ample et imposant de quelques faucons dans le ciel couleur cendre, chassant probablement une proie à venir. Elle regarde la bruine tomber comme si elle voulait conserver cette façon impersonnelle et lointaine caractéristique de l'atmosphère en avril. Elle a douze ans et les reins en mauvais état. Condamnée à de multiples reprises, elle a toujours arraché du temps à la mort, pour rester ici. Ce temps gagné, elle l'utilise à des travaux d'observation du monde, avec une immense force de vie, comme si elle voulait emporter avec elle, à l'occasion, l'image répétée de ces journées qui ont constitué sa vie. Elle persiste à chaque instant qui passe tandis que moi, en la regardant regarder, j'anticipe toujours, je projette, le rosier que je planterai dans la terre recouvrant son corps le moment venu. C'est à cela que je fais allusion quand je parle des obstacles que la pensée impose à la vie, ce qui m'empêche de décrire comment je sentais que, malgré le froid et la grisaille, tous les printemps de la planète nous traversaient, mon chat, mes amis, mon mari, mon jardin et moi,

19. Mimosa du Chili. (N.d.T.)

et que cet espace de discussion et de proximité était, comme la chanson d'Alex, une baie vitrée de l'univers, un petit trou par lequel nous nous penchions sans vraiment nous en apercevoir sur la sereine amplitude de tout ce qui existe et existera.

Comment l'expliquer ? Parce que, en même temps, je regardais E batailler avec les apparitions pointilleuses de la douleur, A s'efforcer de les apaiser, et je regardais aussi F regarder Alex et sa guitare, et dans la clarté de ses yeux, je regardais passer une peur obstinée qui tient à peine à distance, avec toutes les armes de sa profonde sagesse, de son amour de la vie, de sa désinvolture générale – c'est peut-être là l'élément structurel de la sagesse –, de sa façon d'accepter le destin violent qu'alimentent toutes les choses qui vivent : Alex a vingt ans de plus que nous tous, vingt ans de plus qu'elle, et c'est tout ce qui compte, en l'occurrence. Et la scène de son absence occasionnelle est vivante chaque jour à un moment donné ; elle possède la corporéité, le poids et le volume d'un objet réel, un immense objet qui envahit la douce quotidienneté de leur façon de vivre paisiblement depuis cinq ans, depuis qu'ils se sont rencontrés, après plusieurs mariages, divorces et moments difficiles et violents.

Tout cela se déroulait tandis que la voix douce, fine, d'Alex, remplissait tout l'espace de ses chansons mélancoliques, joyeuses et tristes en même temps. Comme si la musique nous accordait des permissions. Plus tôt, nous avions écouté une version d'un classique de Neil Young, *After the Gold Rush*, chantée par Thom Yorke. Je ne peux toujours pas déterminer le pouvoir de quelques lignes aussi simples. Était-ce la voix qui me révélait maintenant, après avoir entendu la chanson des centaines de fois, la décisive beauté de quelques vers ? *Look at mother nature on the run in the nineteen seventies* : ce que je veux dire, c'est que cette évocation directe d'une époque qu'on sent s'échapper plus vite que la capacité de ceux qui l'habitent à l'appréhender, en jouir ou simplement la vivre, n'est possible qu'en musique. Écrire la même chose ici serait absurde, de mauvais goût ou, plus simplement, phrase stérile, sans conséquences affectives. Chantée par Thom Yorke, elle me sembla receler un mystère insondable, et en même temps une proximité transformatrice : à ce moment précis, j'ai senti que je comprenais à la perfection ce que j'étais en train d'écouter, et plus encore, ce qui était passé par le corps du compositeur quand il avait écrit la chanson, et il me sembla aussi avoir vérifié quelque chose, j'ignore quoi, dans les modulations surprenantes de la voix chantante, et avoir constaté, là même, ce qui arrivait devant et autour de moi, le bien-être ambivalent de l'après-midi, de la compagnie de mes amis, du froid qui tombait doucement avec le brouillard sur nous tous dans la vallée.

Un peu plus tôt, pendant que je pétrissais la pâte à pizza sur le plan de travail, F et M discutaient de la grossesse de la fille d'Alex, de l'âge idéal pour avoir des enfants. Plaisanteries de M sur l'âge de la fille enceinte d'Alex: le même que F et que nous tous. Éclats de rire de F renchérissant sur la plaisanterie sur son mari, qui a presque l'âge de son père. Rire général, y compris celui d'Alex. Consensus général sur l'impossibilité de déterminer ce genre de chose. J'essayais de masquer ma gêne et mon envie de me soustraire à la conversation. Je ne voulais pas mettre qui que ce soit dans une position compromettante par la simple évidence de ce que je suis: une quadragénaire cherchant à tomber enceinte, après une crise conjugale aiguë. Cette gêne passe par différents états certainement prévisibles: le risque pour la santé, les probabilités de complications, les appréhensions sur la capacité d'un corps de cet âge pour élever un enfant, la perspective d'être une mère âgée, qui sera en fin de vie quand son fils entrera à peine dans l'âge adulte, etc. À cela s'ajoutent la cicatrice de ma césarienne et le citronnier au pied duquel tout le monde sait que nous avons enterré les cendres de notre fils, Benjamín.

Je regardais mon mari, quand il cessait d'attiser les braises dans le four et allumait une cigarette le regard tourné vers les montagnes, vers la pluie : ses pensées sont l'élément le plus insondable de ma vie. Nous vivons ensemble depuis vingt ans et je ne sais toujours pas ce qu'il pense. Je suppose qu'il y a des façons agréables de considérer cette capacité pour le mystère. Depuis que j'ai appris que lui et l'une de mes amies les plus proches se racontaient leur amour et constataient l'impossibilité d'être ensemble, toute incertitude sur ce qui se passe dans sa tête me semble, selon le jour, irritante ou insupportable. Aujourd'hui, légèrement gênante. C'est pour cela que je veux dire à E qu'il n'y a pas de solution entièrement heureuse à ce qui le tourmentait. Vieillir, c'est peut-être avoir appris à vivre à peu près bien avec tout ce qui ne cadre plus dans cette vie : les récits que nous nous sommes faits ; la confiance aveugle ; le désir de dévouement ; l'illusion de la plénitude… Tout cela. Le soir arrive avec lenteur et installe en moi un certain bien-être indéfinissable par rapport à ce qui me paraît redoutable : la fin de chaque journée – de cette journée festive, aux portes d'un nouveau confinement –; l'ambiguïté de mon mari, devenu une autre présence dans notre maison, un être que j'évalue avec un soupçon nouveau, inédit, et qui renouvelle en moi, sous un jour que je ne connaissais pas, les fantasmes du mensonge et du manque d'amour. Comme si j'avais soudain découvert, ébahie, que j'arrive en troisième ou quatrième position aux événements décisifs de ma propre vie, et comme si l'avoir compris d'une façon aussi subite m'avait privée de la capacité de croire encore qu'entre ce qui est à l'intérieur et ce qui est à l'extérieur il existe une sorte d'accord, que ce que je vois et entends ressemble, même de loin, à la matérialité du monde et des faits. Comment l'expliquer ? De même que d'autres événements pertinents de ma vie, cette découverte avait agi comme un séisme, un impact tellurique, et laissé le panorama dans cet état de commotion. Je sentais que certains éléments essayaient encore de s'adapter à la nouvelle disposition du paysage, et que je devrais ensuite trouver la volonté et le désir, surtout le désir, de comprendre en quoi consiste cette nouveauté. Même cet après-midi, des mois après la découverte, en regardant le dos de mon mari se détachant sur le vert du jardin, la fumée sortant de sa tête pour aller se perdre dans l'autre gris, celui du ciel, les choses continuaient à chercher leur juste place, leur nouvel emplacement. Je les regardais se positionner lentement et le volcan de mon esprit passait cet après-midi de l'ébullition à la latence, sans intervalle ou presque.

Nous enfermâmes les chiennes dans notre chambre pour qu'elles n'aboient pas à chaque fois que quelqu'un élèverait la voix ou si nous nous mettions à danser. Seul Gustavo, le plus petit de nos animaux, put rester dehors avec nous, et maintenant il dormait sur un petit matelas près du four à bois. Je le regardais et je pensais que c'était l'une des choses que mon mari et moi avions faites ensemble et que personne ne pourrait effacer ou dégrader : sauver ce petit chien d'une vie de souffrance. Et ainsi avec toutes les autres. Dans cette pensée, je négligeai le dérapage sentimental de mon mari avec mon amie et je voulus me donner un enthousiasme que je ne parvins pas à trouver. De toute façon, ce début de soirée n'était ni désagréable ni malheureux. M se penche constamment pour caresser Gustavo, et je sais que pendant ce temps il pense à son chien, mort il y a plus d'un an et qui ressemblait au mien. Il ne peut ni parler de lui ni le nommer : son refus de la mort est le plus intense que j'aie connu. Il est capable de rire de presque tout, et seuls son charme et son talent lui autorisent certaines plaisanteries qu'il est capable de faire en confiance, frôlant le politiquement incorrect: cela me fait vraiment du bien de rire parfois des horreurs qu'il débite, avec une authentique espièglerie. Il est amusant, cabotin, et son statut d'homosexuel lui accorde également certains privilèges. Il refuse avec dégoût l'idée d'avoir un compagnon; entrer dans son appartement, c'est se plonger dans le rêve d'un esthète baroque, obsessionnel et gay, toujours en train de rire. Mais tout cela, et aussi le reflet malin dans son regard lorsqu'il s'apprête à se moquer de quelqu'un, sa prodigieuse habileté à danser, ou sa connaissance étendue de lieux beaux et élégants où boire des cocktails à Quito, ou son amour exagéré des fleurs, tout cela masque l'horreur de la mort, l'horreur du vide. Il ne peut pas encore donner le nom de son chien et caresse Gustavo dans un petit intervalle de son état quasi permanent d'ironie, laissant apparaître presque en cachette le fond de mélancolie qui bout de façon égale sous toutes ces couches de frivolité.

Comme lorsqu'on m'informa que mon fils était mort, les effets du séisme, d'avoir été si violemment secouée par la vie, sont incalculables. La seule chose certaine est que si ceci ne m'a pas tuée, cela – la double trahison, mon aveuglement, tout ce que cela dit des choses – ne le fera pas non plus. Sinon, je ne sais rien. Peut-être, seulement, ne suis-je jamais sortie de nulle part, peu importe jusqu'où je suis allée. J'habite sans possibilité de fuite un pays fait de regrets de je ne sais quelle chose qui s'est perdue. Car la belle Italie fantasmée est toujours plus loin, ailleurs, comme ils disent. Il est probable que j'aie hérité ça de mon père, que je n'ai pas vu depuis plus de vingt ans. C'était presque un adolescent quand je l'ai vu pour la dernière fois, et pourtant je me souviens nettement de la tristesse de son regard qui contrastait avec son éternel sourire. Aujourd'hui je me demande pourquoi un homme aussi triste souriait autant. Lui, je crois, n'est jamais sorti du pays. Son plus grand voyage a dû être – autant que je le sache – de Guayaquil à Quito, lorsqu'il venait encore nous rendre visite, à ma sœur et moi, après le divorce. À Quito, la figure de mon père était encore plus triste : il était rare de le voir couvert. Toujours dans son état habituel, il portait une chemise légère, déboutonnée jusqu'à la limite entre la poitrine et l'abdomen, montrant son duvet pubien et le début de la cicatrice oblique provoquée par une balle. Quand il arrivait à la maison, il se mouillait la tête et coiffait ses cheveux fins et clairs avec un petit peigne en plastique imitation écaille qu'il gardait dans la poche de sa chemise. Il avait toujours le teint rubicond, plaisantait et riait souvent, tandis qu'il sortait son registre de comptes, notait les ventes du jour et se servait une première bière glacée. Ma grand-mère disait que mon père était un vendeur prodigieux : je suppose qu'il est logique qu'une personne telle que lui, un homme fondamentalement mélancolique qui n'aurait jamais pu expliquer ce qu'est la mélancolie, qui se serait moqué si quelqu'un l'avait associé à ce penchant, ait appartenu au genre d'hommes qui vendaient au porte-à-porte. Une profession avec une date de péremption, des capacités pour une époque révolue. Je me demande ce qu'il fait maintenant, comment il survit. Malgré tout, je crois que je l'aime encore lorsque je me souviens de lui emmitouflé dans le froid de Quito, comme un enfant que sa mère a habillé d'une veste trop épaisse et qui se sent mal à l'aise ou déplacé.

Alex a appuyé sa guitare contre un mur, à un moment où je ne le voyais pas. Il s'est servi un verre et il est revenu au monde après s'être penché sur la « baie de l'univers ». Son sourire, comme l'air de quelqu'un qui vient de se réveiller, ressemble à sa distraction : tout ce qui arrive lui échappe entièrement, plus encore lorsqu'il joue de sa guitare, provoquant l'agitation presque imperceptible de tous, qui savent que cela va prendre fin. Je me suis toujours interrogée sur les transitions, j'ai toujours ressenti de l'étonnement (parfois un malaise, parfois un plaisir) d'être incapable de capter la transition entre les choses : celle qui existe – existerait – entre les couleurs de l'atmosphère et celles du ciel quand l'après-midi se transforme en nuit, par exemple, cette inconstance de la couleur. La fin du plaisir, l'entrée dans le silence après une discussion intense. La fin de la fête et la fin du jeu. La transition entre la vie et la mort, entre être vivant et être mort : à quoi cela ressemble de disparaître. On la sent venir, il y a une façon de se préparer, de lui souhaiter la bienvenue, de l'accueillir ou de la reporter, même pour quelques minutes, à force ! Dans la mort de mes animaux à laquelle j'ai toujours assisté, j'ai observé et touché avec minutie leurs corps et leurs visages et je n'ai jamais pu reconnaître ce qui existe entre le dernier souffle et le début de l'inertie : une étape aussi transcendantale perdue pour toujours, à chaque fois, dans l'intimité incommunicable d'un corps qui a vécu et soudain – c'est toujours soudain – meurt. Comme ceci, comme cela, cet après-midi, il semblerait que les choses ne transitent pas vers leur fin, ne s'achèvent pas, et il n'est pas possible de saisir en elles une annonce, quelque chose qui atténue l'aspect terrible et définitif de la fin, mais sous la promesse de retrouvailles et de continuité. Que la joie aide à supporter cette fin est une autre affaire, souvent discutable.

Les choses n'ont pas de fin, elles s'interrompent seulement.

Centre

María Fernanda Ampuero
traduit par Anne Casterman

Nous allions dans le centre.

Ou plutôt je restais dans le centre avec lui.

Un soir, nous sommes allés dans un cinéma mi-porno, mi-art-et-essai où l'on donnait *Jambon Jambon*[20]. Il m'a saisi vigoureusement la cuisse tout en haut et m'a dit qu'aucun des fils à papa que je fréquentais ne pinçait la bouche comme lui. Sur ce, il serra ses lèvres en avant tout en sortant la pointe de la langue. Sa main bien ferme très haut sur ma cuisse. Presque au-delà de la cuisse.

À l'écran, il y avait des nichons et des couilles de taureau et du sexe.

Moi, je ne sortais avec aucun fils à papa. Pour les fils de bonne famille, je n'étais qu'une grosse même pas digne d'être saluée.

---

20. *Jamón jamón* de Bigas Luna (1992), drame érotico-sensuel qui a révélé Penelope Cruz. (N.d.T.)

Un autre jour, nous sommes allés dans une gargote fréquentée par des noctambules. Des employés qui faisaient le ménage, des camionneurs, des chauffeurs d'autobus. Au menu, il y avait une brouillade de cœurs[21]. Il m'a dit que j'étais cela : une brouillade de cœurs. Cela m'a semblé extrêmement romantique, mais je n'ai pas commandé ce plat.

J'ai demandé une bière. Puis une autre. Mes parents m'avaient mise en garde contre la nourriture du centre.

Un soir, nous sommes entrés dans un ciné porno, le J.J.[22]. À présent, c'est un temple de « Arrêtez de souffrir »[23], mais à l'époque, ils passaient des films scandinaves – je crois –, des adaptations de contes de fées et de mythes nordiques, mais au bout de trente secondes, tout le monde était déjà à poil et des bites gigantesques faisaient gémir les filles vêtues de la cape du Petit Chaperon rouge ou déguisées en Amazones.

Autour de nous, plein de types se branlaient, jouissaient, se touchaient et il s'est assis entre l'un de ces hommes et moi. Moi, il m'a installée

21. Plat équatorien typique, sorte de pot-au-feu de cœurs de bœuf.(N.d.T.)

22. Cinéma porno de Guayaquil qui fut la scène de concerts du légendaire chanteur Julio Jaramillo (1935-1978). Il est aussi connu sous les pseudonymes de « Jota Jota » ou « el Ruiseñor de America ». (N.d.T.)

23. Église évangélique de l'Équateur. (N.d.T.)

du côté du couloir. En passant, les hommes m'effleuraient le bras. Avant de m'asseoir sur ce siège, j'aurais aimé y poser un papier, un cahier, quelque chose, mais cela m'a semblé mal venu, trop fille à papa.

Je voulais lui montrer que je me sentais totalement à l'aise dans le centre, le cœur en joie, sans aucun dégoût.

Je me suis assise sur dieu sait combien de couches géologiques de sperme et j'ai souri, je lui ai souri comme si je m'asseyais avec mon rancard au Policine, au nord de la ville.

Au milieu du film – je faisais comme si de rien n'était, mais tout cela devenait de plus en plus grotesque –, il a saisi la main que j'avais mise sur mon sac à dos et l'a posée sur son entrejambe. Il portait un short léger et là, à l'intérieur, il y avait cette chose très dure sur laquelle il a déposé ma main. Il regardait autour de lui comme pour prendre à témoin les autres hommes qu'il n'était pas un raté qui allait seul au cinéma porno. Que lui, il avait une femme.

Ou plutôt : une gamine ; une gamine qui n'était pas du centre.

Parfois, nous allions à la librairie d'occasion Nuevos Horizontes. Il y avait là des millions de livres, tout jaunis et remplis de ces insectes argentés, des petits poissons sur la terre ferme.

Cela me faisait peur de mettre la main ou le nez dans ces étagères qui ployaient sous tant de poids, de descendre les escaliers pleins de livres et de me retrouver face à un rat, un cafard ou une araignée gigantesque.

Cela le faisait rire.

Oh là là... La petiote ne sait pas vivre le centre.

Alors je me renfrognais, je respirais profondément et descendais avec l'assurance d'une maîtresse de maison dans ce gigantesque dépôt qui sentait le papier mouillé, le moisi et les champignons. Au fond de moi, la terreur me nouait l'estomac. Mais j'affichais un sourire devant tout livre qu'il me montrait comme s'il me donnait envie.

La vérité ? Aucun de ces ouvrages pourris et mangés par les poissons argentés ne me donnait envie.

La terreur l'emportait : le risque qu'en bougeant un volume un rat ne me saute à la gorge était bien trop grand. Il y avait là quantité de livres rongés : Baudelaire, César Dávila Andrade et Machado de Assis disséminés au milieu des crottes.

Il empilait sur mes bras *La Marelle*, *Les Hérauts noirs*, *Les Hauts de Hurlevent*, *Orlando*, *Le Paradis perdu*, *La Montagne magique*...

Je ne bronchais même pas. Le dégoût refoulé

au plus profond de moi, je me mouchais le nez encombré par les particules de ces livres poussiéreux, comme si c'était normal.

Oh là là... Elle est allergique, disait-il en se moquant de moi.

Il disait aussi qu'il allait faire mon éducation, qu'il serait mon Virgile et mon Pygmalion.

Moi, je répondais que oui. Dans le centre, je me sentais déchaînée, intrépide, dévergondée.

Dans le centre, j'étais quelqu'un d'autre, puis je m'asseyais à table pour dîner avec mon père et son journal et ma mère et ses couverts en argent en sachant que j'avais un secret comme un oiseau rouge-passion.

Je lisais les livres et il m'interrogeait dessus. Parfois, il était surpris par mes réponses et me regardait avec admiration; d'autres fois, il éclatait de rire. Naïve, comme tu es naïve...

Quand il se moquait de moi, je me mettais à fixer le fleuve un long moment, alors il m'attrapait le visage et me collait un très long baiser qui avait le goût du tabac bon marché et de la bière. Un baiser amer qui me faisait revenir à moi.

Je n'avais jamais regardé le fleuve d'aussi près. À chaque fois c'était une surprise. Nous nous asseyions à la table la plus proche de l'eau dans ce bar du boulevard et, au bout de deux ou trois bières, j'avais la sensation que nous nous éloignions de plus en plus de la rive, que nous partions, lui et moi, de cette horrible ville.

Tout en lui me fascinait.

Moi, je n'étais qu'une pauvre conne de la classe moyenne.

C'est lui qui m'a dit pour la première fois de ma vie que j'étais jolie.

Quand je lui ai confié mon complexe, il a regardé mes nichons et m'a dit qu'il n'y avait rien de moche en eux, qu'il fallait en avoir un de chaque côté de la poitrine.

Puis il m'a montré sa verge sur le point d'éclater et m'a dit que faire. Je lui ai presque vomi dessus.

Il m'a dit que nous serions mari et femme.

Il me téléphonait et me déversait des énormités. Quand mes parents demandaient qui c'était, je leur répondais : Lorena, Valeria, Gabriela.

Je ne pouvais pas dire son prénom.

Moi, j'étais vierge, je n'avais pas de petit ami, je rentrais de l'université directement chez moi.

Nous allions dans un bar à salsa dans la rue Rumichica, une rue très mal famée, et à l'entrée, il y avait un panneau qui disait : « Interdit aux femmes seules. » Il a ri quand je lui ai demandé pourquoi et m'a présentée au propriétaire. Il paradait. Il était accompagné d'une gamine, d'une jeune femme toute fraîche, une rose en bouton.

Les hommes de ce bar obscur me regardaient de haut en bas.

Toi, tu n'es pas d'ici.

Il me prenait la main, me faisait asseoir à côté de lui, me commandait des bières l'une après l'autre. De temps à autre, je songeais à mes parents qui devaient croire que j'étais chez une copine pour terminer un travail. J'étais majeure, mais pour eux, je ne l'étais pas.

Parfois j'imaginais que mon père entrait dans le bar au rythme de Juanito Alimaña et me faisait sortir de là en me tirant par les cheveux. Les néons rendaient tout plus intense, plus clandestin. À dire vrai, à la lumière du jour, cet endroit n'était qu'un boui-boui. À la lumière des néons, aussi un boui-boui, mais davantage éclairé.

Mieux vaut ne pas parler des toilettes.

Les hommes l'enviaient. Cela se voyait à leur regard de respect, à leurs clins d'yeux, à la façon dont ils levaient leur verre de bière pour trinquer à distance avec lui.

Que pouvaient-ils bien penser ?

Savaient-ils seulement que j'étais son élève qui venait à peine d'avoir dix-huit ans et qu'il était mon professeur de presque quarante ?

Lui, il me dédiait *Des chemins différents* de Julio Jaramillo.

Si différents tous les deux…
Ta vie commence à peine
Et moi je suis déjà
À mi-chemin de la mienne
Toi, tu ne vis même pas encore
Et moi, de vivre
Je suis déjà fatigué

Pourtant
Qui recherche la chaleur
Du soleil, la plante
Qui aspire à sa fleur...

Je recherche avec ardeur ta compagnie
Pour que tu réchauffes ma tristesse

Je recherche avec ardeur ta compagnie
Pour que tu réchauffes ma tristesse

Si près
Et si loin
Moi, je suis le vieux rêveur
Toi… la fillette passionnée
Qui, chantant dans la lumière,
T'envoles comme un oiseau

Mais en te regardant de près
J'imagine

Que je suis
Un château abandonné
Et toi un rosier grimpant
En fleurs sur le mur.

Un 9 février, nous sommes allés au cimetière pour rendre hommage à J.J. Des dizaines de musiciens ambulants cherchaient une place près de la tombe du « Rossignol des Amériques », et nous nous sommes joints à eux. Quand *Des chemins différents* a retenti, j'ai cru le voir pleurer. Sans doute ne pensait-il pas à moi, mais à lui-même. Quiconque vit de jeunes amours se souvient à tout instant qu'il ne l'est plus.

Cela l'amusait que je ne connaisse par cœur que les paroles de *Notre serment,* de *L'âme sur les lèvres* et *Des Ombres*. De mon côté, je pensais à mes copines qui ne chantaient qu'en anglais.

Je connaissais aussi *Au coin de ta rue*, mais pas en entier.

Ma grand-mère, elle, aimait *Chanson d'amour*.

Nous nous sommes embrassés une fois dans son bureau à l'université et la doyenne nous a vus. Je ne sais pas pourquoi elle ne lui a rien dit. Je ne sais pas pourquoi elle ne m'a rien dit. Je ne sais pas pourquoi elle n'a rien dit à personne.

Avec lui, je n'ai pas perdu ma virginité, mais beaucoup d'autres choses que j'aurais peut-être dû garder précieusement quelques années de plus.

La virginité n'est pas le plus important.

Une femme est son histoire et moi, je suis aussi ciné porno, sexe oral dégoûtant et regards lascifs.

Pour moi, me rendre au centre, c'était comme aller sur une autre planète. Quand le soleil s'éteignait, d'autres lumières s'allumaient. Des lumières presque toujours très ténues pour éviter qu'on ne regarde, qu'on ne voit en détail que la ville était une porcherie.

Nous marchions au milieu de gens qui dormaient par terre comme des blessés de guerre.

Nous marchions au milieu des ordures et des rats.

Nous marchions main dans la main, en évitant les flaques d'eau crasseuse où se reproduisaient les moustiques porteurs de la dengue.

Nous marchions éclairés par les néons des bouis-bouis.

Les poètes se réunissaient dans l'un d'entre eux.

Et il était poète.

Personne ne disait rien sur notre différence d'âge, personne ne disait rien de mon innocence éclatante, évidente, presque ridicule. Personne ne disait rien.

Le bar se trouvait près de la maison de la Culture. Il y avait un juke-box. On y servait de la bière glacée drapée dans sa bouteille givrée.

On racontait souvent que, lors de la présentation du recueil de poésies d'une illustre inconnue, une fille avait déambulé nue dans tout le bar. C'était le summum des anecdotes, celle que l'on gardait pour la fin de la nuit.

Entretemps, il était question de poètes que je ne connaissais pas – et que j'aurais dû connaître –, de vers comme des pierres et des fleurs, d'enfants qui s'étaient tués par amour, de livres qui avaient été publiés parce qu'untel s'était tapé unetelle.

Ces hommes se prenaient tous pour mon Pygmalion.

L'homme mûr face à la gamine.

L'homme du centre face à la gamine de la périphérie.

L'homme qui a vécu face à la gamine à l'aube de sa vie.

Lui, il m'attrapait la main pour que les choses soient claires.

Dans un parc en face du bar des poètes, beaucoup de gens dormaient, des jeunes et des vieux, et là les enfants planaient sur les vapeurs de colle.

Une fois, il m'a dit que l'effet de ces émanations faisait oublier la faim pendant plusieurs jours.

Que c'était moins cher que de manger.

Vers dix heures du soir, quand le monsieur des pains à la mortadelle passait, il m'en achetait un, comme un bon père de famille, et me forçait à le manger jusqu'à la dernière miette. Cela me semblait un geste gentil jusqu'à ce que je me rende compte que c'était pour que je ne me saoule pas au point de devenir inutile.

Comment lui, un homme du centre, aurait-il pu ramener une fille à papa chez elle, à sa maison du non-centre, et expliquer aux parents de la fille de bonne famille qu'elle avait trop bu au bar des poètes ?

Plus tard, j'ai eu une voiture, mais ça, c'est une autre histoire.

Un soir, au bar des poètes, il y a eu un spectacle de musique et de poésie : voix ampoulées, mots ronflants rêverie, chuchotements à foison et musiciens ambulants (dans la nuit du centre, il y a toujours des musiciens de rue) qui jouaient les chansons d'amour les plus connues.

À une autre table, il y avait un joli garçon. Et le joli garçon me regardait, ne cessait de me regarder et il chantait des paroles romantiques sans me quitter des yeux. Je le sais parce que je regardais le joli garçon moi aussi. Nous devions avoir le même âge. Deux étudiants ébahis par le monde.

Il s'en est rendu compte et a fourré sa langue jusqu'au fond de ma gorge. Ensuite, il a fixé le joli garçon et esquissé un geste du menton. Puis il s'est remis à m'embrasser presque violemment.

Le joli garçon ne m'a plus regardée. À la fin du spectacle, il est passé à côté de moi la tête enfoncée entre les deux épaules. Lui, il me serrait dans ses bras comme entre deux enclumes.

Est-ce que je l'aimais ?

Oui

Est-ce qu'il m'aimait ?

Non

Ou peut-être que si.

Il aimait cette partie de moi resplendissante. La surprise absolue. Le fait de vivre le centre comme une autre planète habitée.

Il aimait la lumière.

C'était un homme très sombre.

Quand il voulait m'ennuyer, il m'appelait mademoiselle et me vouvoyait. Il disait que mes arrière-grands-parents avaient sûrement possédé des esclaves semblables à lui, que mes parents le renieraient parce qu'il était noir, que j'avais honte de notre relation, que sa couleur me dégoûtait, que j'étais raciste et élitiste, que je finirais par épouser un homme blanc et que j'oublierais plus vite qu'un éclair ses cheveux crépus et ses lèvres épaisses.

Je finissais par me mettre à pleurer et lui dire que je l'aimais.

Je finissais toujours par pleurer et lui dire que je l'aimais.

Jamais il ne m'a pénétrée.

Un soir, nous étions chez lui, une mansarde avec une petite fenêtre qui donnait sur les toits de la ville, il m'a donné, comme toujours, un tas de livres que je devais lire absolument. Moi, j'avais dix-huit ans et j'étais un soleil.

Il m'a regardée d'une façon bizarre. Il m'a emmenée sur son matelas, a écarté les livres qui se trouvaient partout et m'a jetée sur le dos. Il est monté sur moi et a frotté sa bite dure sur tout mon corps. J'avais peur. Au cours des presque trente années qui se sont écoulées depuis, j'ai rarement eu aussi peur. Les peurs changent avec vous. À dix-huit ans, la peur est comme une main géante qui couvre votre nez et votre bouche.

Suffoquée, je l'ai laissé faire.

Qu'était-il pour moi ? Mon petit ami ? Jamais il ne m'a jamais laissée l'appeler ainsi.

Il disait amant.

J'avais dix-huit ans, et lui, presque quarante.

Amant.

Quand il a enlevé son pantalon et m'a retiré le mien et que nous nous sommes retrouvés tous les deux en sous-vêtements, j'ai eu la sensation que j'allais mourir. Je ne voulais pas. Moi, je ne voulais pas.

Le centre m'est tombé dessus dans tout son aspect sordide.

Le centre écrasait mes hanches contre le matelas.

Le centre était tout ce que je n'étais pas.

Et il me violait.

Mes yeux cherchaient les siens. Il comprendrait mon regard terrifié ; il comprendrait que pour moi la virginité était importante ; il comprendrait que ce n'était pas ainsi, sur un matelas sale et puant, dans une mansarde étouffante et pleine de poussière, que je voulais faire l'amour pour la première fois.

Moi, j'appelais cela faire l'amour.

Je me dédouble et je vois cette petite fille bougeant à peine les jambes comme un crabe avec un couteau planté dans sa carapace et j'attraperais n'importe quel objet dangereux – une lampe, un vase, un couteau – pour le frapper sur la tête ou le lui planter dans la nuque.

Les fantasmes du futur ne peuvent rien faire pour venir à la rescousse de soi-même.

Il y a une voix qui surgit d'un endroit secret des femmes. Une voix qu'il est difficile de ne pas entendre. Il faut que tu te détestes trop, que tu sois trop ivre ou trop pleine de colère pour ne pas l'entendre. La voix qui dit non.

J'ai dit non.

Encore et encore.

Et il l'a entendue.

Il était en train de baisser ma culotte quand il l'a entendue.

Une voix comme quand une rue se lézarde pendant un tremblement de terre. Une voix de mousson. Une voix du tonnerre effroyable qui éclate à grand fracas et, assourdissante, tonitruante, se dilate à travers la sphère enflammée.

Non.

Il s'est levé et s'est rendu aux toilettes.

Je me suis roulée en boule sur le matelas et je me suis mise à pleurer.

Je m'étais jetée toute seule dans la gueule du loup.

Pour connaître le centre, pour faire partie du centre, pour me laisser débaucher par le centre.

Pour être, moi aussi, un lieu vicié, vicieux.

Quand il est revenu, il m'a dit de m'en aller.

Le semestre était terminé et je ne serais plus son élève ; lui, il ne serait plus mon professeur.

Il a dit qu'il irait à Paris.

Il a dit qu'il ne pouvait pas continuer une relation sans sexe.

Blanche, il l'a appelée. Une relation blanche.

Moi, je lui ai parlé d'amour et il m'a dit que

l'amour sans baiser ne l'intéressait pas et qu'il ne devrait pas m'intéresser non plus.

Le mot baiser m'a traversée comme un pieu.

Le mot baiser viole.

J'ai cru que tu m'aimais, lui ai-je dit.

J'ai cru que tu voulais baiser, m'a-t-il dit.

Je suis descendue de cette mansarde complètement et follement cassée.

Quand tu as dix-huit ans et qu'on te brise le cœur, une centrale nucléaire éclate dans ta cage thoracique.

Boum.

L'année suivante, je suis retournée au centre avec les camarades de l'université.

J'ai récupéré un peu de lumière – à chaque relation toxique la lumière baisse de quelques watts jusqu'à ce que, je suppose, elle s'éteigne complètement – et j'ai visité les lieux que j'avais connus avec lui sans une once de douleur.

Nous avons envahi le cimetière où nous avons fait des séances de spiritisme pour invoquer Medardo Ángel Silva[24], l'enfant poète avec une balle dans la tête. Nous sommes allés mettre des croix sur l'eau en novembre et en décembre ; nous

---

24. Medardo Ángel Silva (1898-1919) Écrivain, chroniqueur, musicien, compositeur et poète de Guayaquil, représentant majeur du modernisme équatorien, rattaché à la « Génération décapitée ». Il est mort tragiquement en se tirant une balle dans la tête. Son poème *El alma en los labios* a été rendu populaire par le chanteur Julio Jaramillo.(N.d.T.)

nous sommes promenés sur l'avenue principale illuminée tantôt en rouge, tantôt en vert, tantôt en or.

Nous avons mangé le hot-dog des fêtards noctambules et vidé au goulot une grande bouteille de bière bon marché.

Nous avons lu nos poèmes aux chiens de personne.

Nous nous sommes crus immortels comme tous ceux qui étudient la littérature.

Nous avons écouté bouche bée les discours de personnes aussi perdues que nous, mais boursouflées d'idées prétentieuses.

Nous avons été stupides, mais heureux, je ne sais pas si je me fais comprendre.

Le centre est devenu mien ou plutôt moi, je suis devenue sienne.

Rien ne me fait peur, rien ne me surprend.

J'entre dans le bar de la rue Rumichaca, même si je suis une femme seule ; personne ne me dit rien, peut-être parce que mes yeux clament que rien ne me fait peur, que rien ne me surprend.

Peut-être parce que je n'ai plus dix-huit ans, mais mille.

J'y suis allée et j'en suis revenue ; j'en suis revenue et j'y suis allée.

Le centre a changé comme moi j'ai changé.

Mais ses rues sont miennes comme le sont les

chiens errants, les enfants qui font la manche, les juke-box, les parcs où dorment les gens, les lumières des néons qui cachent la saleté, les brouillades de cœurs, les films pornos, la tombe de Julio Jaramillo, le monsieur qui vend des pains à la mortadelle, les deux cents bières qui s'amoncellent sur la table pour que le garçon sache combien on lui doit, nous les ivrognes.

On ne m'a rien pris parce qu'on m'a tout pris.

Nulle part je ne suis touriste.

Je connais cette ville, elle n'est pas comme dans les journaux depuis là-bas.

LES AUTEURS

María Fernanda Ampuero (Équateur, 1976) est autrice et journaliste. Ses chroniques ont été publiées dans les médias comme *Gatopardo*, *Anfibia*, *Internazionale*, *Piauí*, *Quimera* ou *El País* et font partie de nombreuses anthologies narratives non-fictionnelles.

Elle a reçu le prix Ciespal de Crónica et le prix de l'Organización Internacional de la Migración attribué à la meilleure chronique journalistique de l'année. En 2012, elle a été élue l'une des femmes latino-américaines les plus importantes de Madrid, ville où elle réside depuis 2005. Son premier livre de nouvelles, *Pelea de Gallos* (Páginas de Espuma, 2018) en est à son quinzième tirage et a été traduit dans de nombreuses langues. Il a été choisi par *The New York Times* en espagnol comme l'un des dix livres de l'année et a gagné le prix Joaquín Gallegos Lara en Équateur attribué au meilleur recueil de nouvelles de l'année. *Sacrificios Humanos* (Páginas de Espuma, 2021) a également été publié par des maisons d'édition indépendantes en Équateur, Bolivie, Argentine, Mexique et Colombie. Les droits de traduction ont été acquis par de nombreuses maisons d'édition à travers le monde. Elle vient de recevoir la résidence attribuée par la Fondation Civitella Ranieri à des artistes renommés aux quatre coins de la planète.

Daniela Alcívar Bellolio (Guayaquil, 1982) a vécu à Buenos Aires de 2005 à 2017. Elle est écrivaine, critique littéraire, chercheuse universitaire, enseignante à l'université et éditrice. Docteure en littérature à la UBA (Université de Buenos Aires), elle a obtenu une bourse de CONICET (Conseil national de la recherche scientifique et technique) et du Fondo Nacional de las Artes (Argentine). Elle est un des membres du comité éditorial de la revue *Sycorax* et éditrice générale aux éditions Turbina (Quito). Elle est l'autrice du recueil de nouvelles *Para esta mañana diáfana* (2016), des romans *Siberia* (prix Joaquín Gallegos, 2018) et *Lo que fue el futuro* (2022), des essais *Pararrayos. Paisajes, lecturas, memorias* (2016) et *El silencio de las imágenes* (2017). Elle dirige actuellement le Centre culturel Benjamín Carrión à Quito.

Andrés Cadena (Quito, 1983) a publié quatre livres de nouvelles : *Fuerzas ficticias* (2012, réédité en 2014), *Altanoche* (2016), *Camino errado* (2020) et *Biopic* (2022). À ce titre, il a reçu trois prix nationaux, dont, en 2016, le Joaquín Gallegos, remis par la municipalité de Quito aux meilleurs livres de l'année. Certains de ses textes figurent dans une douzaine d'anthologies parues en Équateur, au Chili, à Cuba et en Colombie et quelques-uns d'entre eux ont également été traduits en anglais et en portugais. Il est titulaire d'une maîtrise en études culturelles avec une mention en littérature hispano-américaine de l'université andine Simón Bolívar. Il a été coordinateur éditorial de la Campagne de lecture Eugenio Espejo et, depuis 2007, fait partie de La Caracola Editores.

Alfredo Noriega, né à Quito, vit entre Paris et Cardiff depuis 1985. Il a publié des romans, de la poésie, des nouvelles et écrit des scénarios. Deux de ses romans ont été traduits en français, *Mourir, la belle affaire* (Flammarion, 2013) et *C'est dur de mourir au printemps* (Onlit, 2017), adapté au cinéma. En 2019, il figure dans le volume *Nouvelles de Belgique*, publié chez Magellan & Cie

Régulièrement invité dans les salons du livre de Quito. La Havane, Paris et Bruxelles ou à Quais du Polar à Lyon, il est l'auteur de nombreux romans parmi lesquels *Guápulo* (2019), *Eso sí nunca* (2018), *Tan sólo morir* (2010), *De que nada se sabe* (2002). Il a écrit pour le théâtre et mis en scène la pièce *La longue-vue* (Paris, 1998) à l'Institut Cervantes dans le cadre des Journées culturelles de l'Équateur en France, et en juin 1999 au théâtre Confluences. Il a publié de la poésie dans des revues et le recueil *La pared norte, Yanasacha* (2005). Pour le cinema, il a coécrit avec Víctor Arregui le scénario de *Cuando me toque a mí*, prix d'interprétation masculine au Festival Biarritz Amérique latine (2006) et le scénario de *9 mm Parabellum* (2008).

Écrivaine et collagiste, **Marcela Ribadeneira** (née en 1982) a collaboré avec des médias tels que *Mundo Diners*, *GQ*, *The Guardian* et *The New York Times*. Elle a publié les ouvrages *Matrioskas* (*Cadáver exquisito*), *Golems* (*El Conejo*) *et Héctor* (*Doble Rostro*) ; l'ebook *Borrador final* (*Suburbano ediciones*), l'anthologie personnelle digitale *Especímenes (La Caracola*) et l'album-journal de collages *Si el grito pudiera leerse, diría algo así* (*Doble Rostro*).

Certains de ses récits et chroniques figurent dans des anthologies publiées au Mexique, en Espagne et aux États-Unis comme *Ciudades visibles. 21 crónicas latinoamericanas*, *Señorita Satán*. Nuevas narradoras ecuatorianas, *Ecuador en corto y La invención de la realidad*. Ses collages ont illustré des couvertures de livres tels que *Esas criaturas* (Eduardo Varas), *Las voladoras* (Mónica Ojeda), *Sacrificios humanos* (María Fernanda Ampuero) et *Ustedes brillan en lo oscuro* (Liliana Colanzi).

Ses collages ont été publiés dans la revue *Contemporary Collage Magazine*, et sur des portails d'Équateur, du Mexique et d'Espagne. Ils ont également été exposés dans les galeries Mediaagua de Quito, et Espacio Onder de Guayaquil.

En 2016, elle a fait partie de Ochenteros (vingt écrivains que la foire du livre de Guadalajara a sélectionnés en tant que nouvelles voix de la littérature latino-américaine).

Vladimiro Rivas (Latacunga, Équateur, 1944) est membre de l'Académie équatorienne de la Langue depuis octobre

2022. Écrivain équatorien-mexicain, il est enseignant-chercheur au Département de sciences humaines de la UAM (Université Autonome Métropolitaine) Azcapotzalco de Mexico où il vit depuis 1974, et il a obtenu une mention honorifique à sa thèse sur le poète équatorien César Dávila Andrade, publiée en 2008.

Auteur de nombreux récits et essais, d'un roman et d'articles consacrés à la littérature et à l'opéra, il est également l'éditeur d'auteurs équatoriens et d'ailleurs. Ses nouvelles ont été traduites en anglais, français, allemand, portugais, italien et bulgare, et figurent dans diverses anthologies. Ses principaux ouvrages sont *Desciframientos y complicidades* (essai, Mexico, 1981), *El legado del tigre* (roman, Mexico-Quito, 1997), *César Dávila Andrade : el poema, pira del sacrificio* (essai, Quito, 2008), *Visita íntima* (récit, Mexico, 2011), *Repertorio literario* (essai, Mexico, 2014), *Música para nadie* (récit, Quito, 2016), *El amante y el artefacto soviético* (récit, Mexique, 2017), *Relatos reunidos* (Quito, 2019), *Noches de ópera* (Mexico, 2020) et *Navegaciones. Ensayos escogidos* (Quito, 2022).

Mélomane, il a été critique d'opéra pour des journaux et des revues mexicaines et a publié des articles dans les revues *Vuelta*, *Letras Libres*, *Hispamérica*, *Revista de la Universidad de México*, *Casa del Tiempo*, *Fuentes Humanísticas*, *Tema y Variaciones de Literatura*, *Mundo Diners*, *Rocinante* et *Quipus*.

Nouvelles d'Équateur

© MAGELLAN & Cie
34 rue Ramey - 75018 Paris
Tél : 01 53 28 03 05
contact@editions-magellan.com
www.editions-magellan.com

ISBN : 978-2-35074-750-7
Imprimé en France par Sepec Numérique - Mars 2024
Dépôt Légal – 1er trimestre 2024

PEFC 10-31-3532